Martin Manser

Segredos de Administração de Tempo

Editora Fundamento

Sobre o autor

Martin Manser, formado em Ciências Sociais com honra, pós-graduado em pesquisas (M. Phil.), ministra comunicação social na faculdade de Comunicação (London College) e é responsável pelos cursos de administração de tempo, administração de reuniões eficazes, redação comercial e liderança. É o autor de *Segredos de Apresentações*, também da série *Segredos Profissionais.*

Nota do autor

Agradeço a Hannah e Brian Murphy por suas contribuições.

SEGREDOS DE ADMINISTRAÇÃO DE TEMPO

Editor e edição de texto: Editora Fundamento
Arte da capa: TRC Comunic Design Ltda. (Marcio Luis Coraiola)
Editoração eletrônica: TRC Comunic Design Ltda. (Marcio Luis Coraiola)
CTP e impressão: Serzegraf Indústria Editora Gráfica
Tradução: Dulce Maria Valladão Catunda

Publicado originalmente em inglês por HarperCollins Publishers Ltd.

Dados Internacionais de Catalogação na Publicação (CIP)
(Câmara Brasileira do Livro, SP, Brasil)

Manser, Martin
Segredos profissionais : Segredos de administração de tempo / Martin Manser ; [versão brasileira da editora] . – 1. ed. – São Paulo, SP : Editora Fundamento Educacional Ltda., 2013.

Título original: Business secrets : Time management.

1. Eficácia organizacional 2. Qualidade de vida no trabalho 3. Tempo – Administração I. Título II.

12-04611 CDD-650.1

Índice para catálogo sistemático:
1. Tempo : Planejamento : Administração 650.1

Fundação Biblioteca Nacional

Depósito legal na Biblioteca Nacional, conforme Decreto nº 1.825, de dezembro de 1907.

Impresso no Brasil

Telefone: (41) 3015 9700
E-mail: info@editorafundamento.com.br
Site: www.editorafundamento.com.br

Este livro foi impresso em papel pólen soft 80 g/m² e a capa em papel-cartão 250 g/m².

Sumário

Aprenda a usar o tempo de forma eficaz

Havia um ditado em nossa casa quando eu era criança: "Até um líder mundial tem apenas 24 horas no dia!" Todos nós queremos viver bem e fazer o melhor uso do nosso tempo, mas isso fica a critério de cada um de nós. Como podemos aproveitar nosso tempo ao máximo?

Todos nós temos personalidades diferentes e nosso tempo é solicitado de várias formas. Alguns são organizados, outros nem tanto.

Durante minha vida profissional, aprendi inúmeras técnicas para ajudar a usar bem o tempo. Uma delas é trabalhar de forma eficiente – assegurar que os sistemas estão operando para as coisas funcionarem bem, fazer o melhor uso dos recursos que tenho à minha disposição. Mas aprendi a fazer mais do que isso. Também quero viver e trabalhar de forma eficaz – fazer algo significativo em minha vida, fazer a diferença, alcançar alguma coisa definitiva, boa e certa.

No decorrer dos meus trinta anos de vida profissional, tenho me feito algumas perguntas difíceis: O que eu quero da vida? O que eu quero alcançar? Que tipo de pessoa sou eu? Como posso me desenvolver como pessoa? Como eu quero empregar meu tempo? Como devo valorizá-lo?

Portanto, este livro não trata simplesmente de como empregamos nosso tempo, mas sobre como empregamos a nossa vida. Aqui estão 50 segredos que aprendi, divididos em sete capítulos:

Conheça a si mesmo. Se você sabe que tipo de pessoa é e o que quer da vida, é possível começar a estabelecer prioridades.

Conheça seu trabalho. A vida profissional é uma parte importante de nossas vidas. Conhecer os propósitos subjacentes de seu trabalho irá ajudá-lo a colocar sua atenção em quão bem você utiliza seu tempo.

Organize-se. Aqui estão dicas sobre trabalhar de forma eficaz, por exemplo, mantendo uma agenda (de compromissos), estabelecendo sistemas e elaborando cronogramas.

Trabalhe melhor. É importante utilizar seu tempo de forma proativa, estabelecer prioridades e trabalhar bem as tarefas, não importa quão pequenas elas sejam.

Trabalhe melhor em equipe. Não trabalhamos sozinhos, isolados uns dos outros, então é vital desenvolver boas relações de trabalho dentro da equipe, delegando com sucesso e conduzindo bem as reuniões.

Comunique-se de forma mais efetiva. O que se pode fazer para que e-mails, computadores e a internet não tomem todo o nosso tempo? As comunicações frente a frente e telefônicas também são vitais em uma boa administração de tempo, assim como ser um bom ouvinte, ter habilidades de leitura e redação.

Assuma o controle de seu tempo. A utilização eficaz do tempo acontece quando se aprende a administrá-lo bem, permanecendo focado nas tarefas, minimizando as interrupções e usando o tempo de folga que pode surgir de repente.

Se você seguir esses sete **segredos**, saberá como empregar bem o seu tempo, viver eficazmente, aproveitar ao máximo a aventura da vida. Desejo-lhe tudo de bom!

Você pode aprender a controlar o uso de seu tempo.

Capítulo 1

Conheça a si mesmo

Este capítulo de abertura o ajudará a entender as questões mais amplas a respeito de como empregar seu tempo. Definir o que se quer da vida, quais seus objetivos a serem atingidos e quando e como você trabalha melhor irá ajudá-lo a entender suas prioridades como um todo. E isso então se traduzirá na forma de administrar seu tempo.

1.1

Comece com alguns sonhos

Antes de começar a ver como empregará seu tempo no trabalho, será de grande valia pensar em sua vida de forma mais ampla. Você tem uma visão positiva para a sua vida? O que mais o deixa entusiasmado sobre ela? Responder a essas perguntas o ajudará a decidir o que realmente importa na vida e, portanto, como você escolhe empregar o tempo.

Aqui está a sigla "MSDDD" para pensar a respeito:

1 **Motivação.** Pense sobre o que realmente o "empolga". O que o motiva? O que lhe dá energia e uma grande sensação de realização pessoal? Quais são seus valores de vida? Com o que você se importa profundamente?

2 **Sonho.** O que você sempre quis fazer? Onde se vê em um ano? E em cinco anos? Sonhe alguns sonhos!

3 **Desenvolver.** Que habilidades, capacidades ou talentos você tem que poderiam ser desenvolvidos ainda mais?

"Direcionar toda a sua vida exclusivamente para fazer dinheiro demonstra falta de ambição. É exigir muito pouco de você mesmo. E vai deixá-lo insatisfeito."

Barack Obama, presidente dos EUA

4 **Discutir.** Bata um papo com os amigos sobre as respostas para essas perguntas. Você está sendo honesto ou completamente irrealista sobre si mesmo? Existem sementes de algumas possibilidades que poderiam se tornar reais?

---

5 **Definir.** O fato de poder estabelecer objetivos claros e positivos vai ajudá-lo muito: "Eu gostaria de...","Em cinco anos eu quero ser capaz de ..." Você pode detalhar esses objetivos em metas mais imediatas, por exemplo: em uma etapa para obter uma qualificação, outra para ganhar experiência ou aprender novas habilidades. Pense sobre quais seriam as próximas etapas para atingir os objetivos e as metas que estabeleceu para si mesmo.

Concentre-se no que o motiva, nas coisas que gostaria de conquistar e no que a realização pessoal significa para você.

1.2

Pense em seus objetivos pessoais

Os objetivos podem ser relacionados ao seu trabalho, à sua família ou à vida em sua comunidade. Eles podem também ser relacionados a ter um papel no cenário mundial. Seja qual for o caso, somente após ter estabelecido um objetivo para si mesmo é que poderá planejar como fazer para torná-lo realidade.

Por exemplo, seu objetivo pode ser "tornar-se um sócio desta firma até os 30 anos" ou "empregar mais 50% de tempo com minha família" ou "ajudar crianças carentes". Seja qual for a meta, uma vez estabelecidos seus principais objetivos, é possível dividi-los em etapas menores a serem executadas.

Um bom exercício nessa etapa é preparar um diagrama padrão das várias atividades que envolvem seu objetivo. Esse é um diagrama elaborado de forma criativa com tudo o que se percebe como os principais aspectos da sua ideia central. Para fazer isso, você deve:

Estudo de caso: Há cinco anos, Alex sabia que queria trabalhar na Tailândia: esse era seu sonho e sua paixão. Ele já era um professor qualificado em seu país de origem, mas ainda precisava de mais treinamento para aprimorar suas habilidades e aprender o idioma local. Ele tinha condições de deixar o trabalho de tempo integral,

- Pegar uma folha de papel A4 e colocá-la no formato "paisagem".
- Escrever seu objetivo central (uma palavra ou algumas, não a frase inteira) no meio do papel.
- Em torno daquela palavra central, escrever outras relacionadas a ela.
- Continuar desenhando ramificações sobre outros aspectos do objetivo que vierem à sua mente.
- Se tiver dificuldade em algum ponto, responda a estas perguntas básicas: Quem? Por quê? Onde? O quê? Quando? e Como? Isso estimulará seu processo de raciocínio.
- Não rejeitar quaisquer pensamentos nesta etapa do processo.
- Você pode colorir as palavras-chave de cores diferentes para mostrar o que se relaciona com o quê.
- Você também pode enumerá-las por ordem de importância.

Essa técnica o ajudará a encontrar uma forma proveitosa de pensar sobre seus objetivos, outros aspectos de sua vida que podem ser afetados e a ter uma visão clara de quais etapas você precisará para alcançá-los.

Defina seus objetivos e pense de forma criativa sobre os diferentes aspectos deles.

por isso decidiu passar uma noite por semana aprendendo o idioma local com um amigo para estudar a história e a cultura do país. Sua atenção e as medidas concretas em direção ao seu sonho de longo prazo acabaram valendo a pena e agora Alex está ensinando na Tailândia com um verdadeiro sentimento de realização.

1.3

Saiba quando você trabalha melhor

Cada um de nós tem um período durante o dia em que trabalhamos melhor. Pode ser bem cedinho, no meio da manhã, após o café, após o almoço ou à noite. Deve-se fazer o trabalho mais importante ou difícil quando se estiver mais alerta.

Quando você trabalhar durante o período do dia em que produz mais, lembre-se de que fazer uma refeição pesada deixará seu ritmo de trabalho mais lento e assim ficará mais propenso a cometer erros. Deve-se observar o período em que se está mais produtivo e não usá-lo para tarefas não produtivas. Diz o ditado que "o tempo gasto para apontar um lápis nunca é perdido", mas não se deve usar o período de mais alta energia para apontar lápis!

■ **Pessoas matutinas.** Para muitas pessoas, a melhor hora do dia é de manhã, quando estão mais alerta, têm os níveis mais altos de energia e realizam seu melhor trabalho. Há dois provérbios muito

Estudo de caso: Stan trabalha em um escritório e sabe que funciona melhor pela manhã. Todos os dias, se possível, conclui as partes do trabalho que precisam de mais concentração entre 9 e 13 horas. Ele deixa as tardes para as reuniões ou tarefas

Minuto de reflexão: Pegue sua agenda e destaque durante uma semana as horas diárias que sabe serem as mais produtivas.

conhecidos para as pessoas matutinas: "Uma hora de manhã equivale a duas noturnas." "Perca uma hora de manhã e você passará o resto do dia atrás dela."

■ **Energia durante a semana.** O mesmo princípio também se aplica aos dias da semana. Se você trabalha melhor nas segundas e terças-feiras, agende as reuniões de rotina para os outros dias da semana.

Por exemplo, ficar de pé numa fila aguardando a entrega de seu carro para o mecânico é frustrante se seu pico de energia é naquela hora. Se puder entregá-lo no final do dia, depois que seu serviço mais difícil estiver concluído, será melhor para você. Manter atividades pouco produtivas o mais longe possível de suas horas de pico evitará que interrupções constantes tirem a atenção da tarefa que você precisa concluir.

Você não deve usar suas horas mais produtivas em tarefas rotineiras.

administrativas de rotina. Stan tem que ter alguma flexibilidade, mas consegue fazer mais coisas agrupando as tarefas que precisam de concentração e aquelas que são puramente administrativas, em vez de alternar entre umas e outras.

1.4

Monitore a forma como emprega seu tempo

Um passo importante na administração do seu tempo é saber como ele tem sido empregado atualmente. Um exercício muito bom para trabalhar isso com precisão é registrar todos os minutos de seu dia.

Há duas formas de calcular o tempo empregado em tarefas diferentes: uma é estimar, a outra é registrar com precisão. A segunda é melhor. Se você fizer isso por um dia (o melhor seria registrar por mais tempo), provavelmente se surpreenderá como algumas tarefas levam mais tempo do que se pensa.

Defina um gráfico impresso ou uma planilha com as seguintes colunas:

Descrição	*Hora do início*	*Hora do término*	*Tempo em minutos*	*Prioridade*

Na coluna de prioridade, escolha um nível de prioridade de 1 a 5, sendo 1 a prioridade mais alta e 5 a mais baixa.

Registrar esse nível de detalhes quase certamente vai revelar fatos que você desconhece sobre seu dia de trabalho. Pode, por exemplo, mostrar que você emprega mais tempo do que havia pensado em viagens ou em tarefas rotineiras (um dos meus colegas calculou que ele

Minuto de reflexão: Calcule o valor/hora que você está custando para sua empresa:

- Anote a parte produtiva de cada dia, provavelmente algo entre 50% e 80% – em torno de 65%.
- Se você trabalha 8 horas por dia x 65% = 5,2 horas produtivas por dia. Digamos que receba 30 mil reais por ano. Então dobre isso para englobar os benefícios e os custos gerais indiretos da contratação = 60 mil reais por ano.
- Divida isso por 52 semanas e depois tire seis semanas de férias/feriados/doenças = 46 semanas x 5 dias x 5,2 horas por dia = 1.196 horas por ano.
- Arredonde para 1.200 horas e divida 60 mil reais por 1.200 horas = 50 reais por hora.
- Isso significa que você custa 50 reais para sua empresa ou organização a cada hora produtiva trabalhada – um incentivo para não perder tempo!

gasta um total de 15 minutos por dia indo e voltando do computador dele até a impressora) ou gasta menos tempo do que deveria em planejamento e raciocínio.

Quando calcular a coluna de prioridade, considere o seguinte:

- As principais tarefas de sua função.
- As tarefas que poderiam ser delegadas.
- As tarefas que poderiam ser feitas de forma mais eficaz.
- As tarefas que nem deveria estar fazendo.

Calcule seu tempo em tarefas diferentes e seu preço por hora com tudo incluído.

1.5

Controle o estresse

Se não tivéssemos estresse em nossas vidas, talvez não terminássemos nossas tarefas. Mas a maioria de nós vive sob muito estresse – o suficiente para nos fazer ler um livro sobre administração de tempo! Vemo-nos incapazes de tomar decisões e perdemos a noção de proporção em relação à vida à medida que ficamos mais e mais sobrecarregados.

Ficamos frustrados com o pouco progresso que fizemos no projeto no qual estamos trabalhando tanto, apesar de nossos esforços. Achamos que estamos muito ocupados até mesmo para tirar umas férias. Se esses sentimentos lhe são familiares, é vital encontrar um jeito de trabalhar que lhe permita administrar e reduzir o estresse em sua vida. Aqui estão algumas orientações (veja também o 4.8):

- **Programe horas regulares de descanso.** Se você teve uma semana muito ocupada, tente deixar o fim de semana ou a próxima semana menos ocupada.

Estudo de caso: Durante os primeiros oito anos de trabalho autônomo, Ron trabalhou por horas extremamente longas. Em geral, ele estava tão cansado que não conseguia relaxar, mesmo quando se afastava do trabalho, por isso seu relacionamento com a esposa e os filhos sofria. Seu estresse se acumulou e ele pagou um preço emocional e físico caro demais. Um dia, percebeu que precisava aprender a ter um estilo de vida mais

- **Aprenda a dizer não.** Não tente controlar tudo no universo: estabeleça objetivos realistas para você mesmo (veja também o 5.5);
- **Planeje as férias com antecedência.** Um colega meu planeja um fim de semana fora de casa a cada seis semanas, para ter algo pelo que esperar.
- **Deixe tempo para estar com seu companheiro e sua família.** Marque um tempo com a família na agenda, se necessário!
- **Comece um novo hobby.** Ou ajude uma instituição beneficente local como voluntário. Trabalhar com os outros fará com que você se esqueça de si mesmo.
- **Passe tempo com os amigos.** Antigos amigos e novos amigos.
- **Desenvolva o senso de humor.** É um dos melhores antídotos para o estresse.
- **Faça exercícios físicos.** Por exemplo, correr, andar de bicicleta, nadar, caminhar ou dançar.
- **Dedique-se a artes ou música.** Abra espaço para ir a uma galeria de arte, ao teatro ou a um concerto.
- **Cuide de seu lado espiritual.** Reserve tempo para uma forma de oração ou meditação para ajudá-lo a se conectar com algo mais do que apenas o mundo físico.

Pense em maneiras práticas de reduzir o estresse em sua vida.

equilibrado. Assim, Ron se programou para passar mais tempo com a família. Também se habituou a caminhar em volta do quarteirão (5, 10, 20, 40 minutos, dependendo do tempo disponível) e desenvolveu um grupo de apoio de amigos que se reúne regularmente. Da mesma forma, adquiriu a capacidade de se recobrar mais facilmente e desenvolveu "mecanismos de defesa" para ajudá-lo nos momentos de estresse.

1.6

Prepare-se para mudar

Uma parte importante deste livro destina-se a ajudá-lo a identificar o que é preciso mudar para administrar o tempo de forma mais eficaz. Mas você não tem motivação para mudar? Aqui estão oito maneiras que vão ajudá-lo a se familiarizar com a ideia de mudança em sua vida.

1 Experimente novas maneiras de fazer as coisas. Deixe para trás aquela mentalidade "Eu sempre fiz isso dessa forma". Você pode começar com alguma coisa relativamente pequena, como fazer um caminho diferente para o trabalho. Estabeleça objetivos realistas para fazer um pequeno ajuste perceptível. Não desça no ponto de ônibus mais próximo do seu trabalho, por exemplo, desça um ponto antes e ande o resto do caminho. Se puder fazer isso umas duas vezes por semana, já é um começo.

---

2 Admita que não sabe tudo. A máxima "Forte é a pessoa que admite suas fraquezas" tem me ajudado muito. Isso significa que você ouvirá mais, reconhecerá erros e estará disposto a receber feedback e aprender com os erros.

---

3 Faça mais perguntas. Lembre-se de seus objetivos e metas básicas e pense criativamente sobre novas formas de alcançá-los.

"Quando não podemos mudar uma situação, somos desafiados a nos mudar."

Victor Frankl, psiquiatra austríaco e sobrevivente do Holocausto

4 Supere as experiências passadas. Aprenda com o passado, mas não se preocupe à toa com eventos específicos.

---

5 Não tenha medo do fracasso. O inventor norte-americano Thomas Edison disse: "Eu não falhei. Apenas descobri dez mil formas que não funcionam."

---

6 Faça revisões regulares. Elas podem ser feitas antes de sua avaliação periódica.

---

7 Avalie seus objetivos. Um dos aspectos de estabelecer objetivos é verificar se você está atingindo-os ou não.

---

8 Use os amigos para ajudá-lo a mudar. Reúna os amigos ao seu redor, aqueles com os quais pode compartilhar seus objetivos e frustrações. Permita que eles o ajudem e orientem, quando necessário.

Prepare-se mentalmente para as novas formas de fazer as coisas.

Capítulo 2

Conheça seu trabalho

Além de saber que tipo de pessoa é você, é importante pensar especificamente sobre seu trabalho. É preciso ser claro em relação à sua função e às tarefas que esperam que você cumpra. Todos nós algumas vezes precisamos de ajuda para mantermos a concentração em todos os aspectos de nosso trabalho: a fim de parar de protelar as tarefas difíceis ou rotineiras, superar a falta de motivação, manter-se focado e tomar decisões acertadas. Neste capítulo, apresento técnicas para ajudá-lo a fazer isso.

2.1

Esclareça seu trabalho

Todos nós passamos muito tempo ocupados, mas é importante parar e esclarecer em que consiste nosso trabalho. Depois disso, podemos pensar sobre como estamos de fato desempenhando nosso trabalho.

1 Escreva o que acredita ser o objetivo geral de seu trabalho. Por exemplo, liderar uma equipe para prestar um excelente serviço de atendimento ao cliente pelo telefone.

---

2 Em seguida anote as principais áreas que, juntas, compõem o objetivo geral de seu trabalho. Por exemplo: liderança; monitoramento de estatísticas; prestação de serviço ao cliente; treinamento e desenvolvimento de funcionários; administração de tempo; monitoramento do desempenho de funcionários por meio de avaliações e reuniões individuais.

---

3 Depois anote as atividades imprescindíveis para desempenhar o trabalho nas principais áreas listadas no item 2. Por exemplo, treinamento e desenvolvimento de pessoal: manter uma escala de treinamento, disponibilizar tempo para que a equipe faça treinamentos individuais e prever capacitação obrigatória para os funcionários.

Minuto de reflexão: Pense sobre sua equipe, se tiver uma. Você tem certeza de que entende como seu trabalho, as áreas e as atividades se encaixam com os de seus colegas? Você sabe claramente o que seus colegas fazem?

4 Agora pense sobre como de fato emprega seu tempo. Usando o que você anotou nos três primeiros itens, quanto de seu tempo é empregado no cumprimento do objetivo geral, nas principais áreas listadas e nas atividades reais? O que gostaria de fazer menos? O que gostaria de fazer mais? Espero que você empregue a maior parte de seu tempo em atividades agradáveis, em vez de tarefas rotineiras e pouco criativas.

---

5 Se você trabalha como parte de uma equipe, fique atento à maneira como seu trabalho e suas atividades podem interferir nas de seus colegas, de seu chefe e de qualquer pessoal subordinado a você.

---

6 Analise os primeiros quatro itens regularmente com seu chefe e em suas avaliações. Essas reuniões podem ser ocasiões proveitosas para refletir sobre muitas variáveis, por exemplo, o que o está impedindo de cumprir o objetivo principal e descobrir onde está se desviando nas outras áreas ou atividades.

Assegure-se de que você realmente emprega a maior parte de seu tempo na parte principal de seu trabalho.

2.2

Pare de protelar as coisas

Você pode ser o tipo de pessoa que protela constantemente as tarefas chatas ou difíceis. Quanto mais adiar a realização das tarefas, maior será sua resistência a elas e, portanto, mais difícil será realmente executá-las.

Alguém pode evitar fazer uma tarefa por várias razões: o trabalho é chato ou rotineiro; a tarefa é muito difícil; não tem prazo de entrega; os objetivos não estão claros; ou simplesmente a pessoa tem tanta coisa para fazer que não sabe por onde começar. Ou ela pode ter medo do fracasso ou da rejeição se não executá-la bem.

Em algumas poucas ocasiões, é correto tomar a decisão de não assumir imediatamente uma tarefa: quando há necessidade de coletar todas as informações ou quando é preciso tempo para pensar. Mas, em muitas outras ocasiões, o atraso acontece sem uma boa justificativa.

Aqui estão algumas maneiras de ajudá-lo a romper a barreira de procrastinação prolongada:

"Você pode atrasar, mas o tempo não, e o tempo perdido nunca é recuperado."

Benjamin Franklin, século 18, estadista norte-americano e erudito

1 Divida uma tarefa grande em partes mais administráveis (veja o Segredo 4.5). Resolva uma parte, não necessariamente a primeira. O fato de concluir uma pequena parte fará com que se sinta melhor sobre o todo.

---

2 Comece com a parte mais difícil. Faça isso na hora em que estiver com mais energia e sentindo-se mais produtivo. (veja 1.3).

---

3 Dê a si mesmo uma recompensa, mas somente após ter concluído de fato uma tarefa.

---

4 Trabalhe em tarefas rotineiras quando estiver em sua hora menos produtiva ou no intervalo entre as atividades que exigiram muita concentração.

Procrastinar, em última análise, dificulta muito um trabalho.

2.3

Mantenha sua concentração

Todos nós já passamos por momentos em que nosso nível de energia estava baixo e perdemos a motivação para concluir uma tarefa. Por isso, é preciso estabelecer metas realistas para si mesmo, de forma que suas habilidades sejam aproveitadas ao máximo na execução de um trabalho. Se quiser, use recompensas para motivá-lo a vencer etapas.

- **Estabeleça um objetivo para si mesmo.** "Até o intervalo eu quero alcançar..." O objetivo deve ser desafiador e deve fazê-lo se esforçar um pouco mais, porém não deve ser muito difícil ou fora da realidade. Planeje fazer intervalos após ter alcançado sua meta e concluído a tarefa. Resista à tentação de fazer intervalos não planejados.

- **Faça da tarefa uma meta.** O ideal é que sua meta seja concluir uma tarefa em vez de simplesmente preencher um espaço de tempo.

Estudo de caso: Minha meta ao escrever este livro era concluir quadro unidades por dia. Nesta unidade, por exemplo, fiz anotações preliminares sobre a área que eu queria abordar. Primeiro, escrevi este estudo de caso – achei muito mais fácil trabalhar a partir de um exemplo específico até chegar aos princípios gerais –, depois o texto principal e finalmente a introdução. Tentei não me interromper checando

Portanto, diga para si mesmo: "Eu quero concluir a verificação de todos os números de vendas até as 15 horas", em vez de "Vou verificar os números de vendas por uma hora e ver até onde chego".

- **Dê-lhe um período de tempo.** É de grande ajuda ter a intenção de concluir uma tarefa em 30-90 minutos. Qualquer coisa a menos é muito pouco desafiante para você e, além disso, poderia ser irrealista. Se concluir a tarefa mais rápido do que o tempo previsto, ótimo. Se não conseguir, não se desespere. Não desista ou pare se o fim estiver à vista. Se você parar, perderá o ânimo e levará algum tempo para retomá-lo. Continue a trabalhar de forma constante até ter concluído a tarefa.

- **Interrupções e contratempos.** Se você tiver que parar ou for interrompido, anote rapidamente – escreva ou digite uma palavra-chave – onde você parou sua linha de pensamento, para que possa retomá-la com facilidade. Se você encontrar uma dificuldade insuperável que impeça seu avanço, estabeleça uma meta menor e pense criativamente sobre uma abordagem diferente para a dificuldade. Ou resolva outra parte da tarefa e retorne à problemática mais tarde.

Estabeleça uma meta para concluir uma tarefa em vez de simplesmente preencher o tempo.

---

e-mails e, depois de terminar toda a unidade, li-a e verifiquei sua colocação na sequência. Escrever me exigiu quantidades diferentes de tempo, dependendo do assunto da unidade, mas senti que estabelecer uma meta específica me ajudou muito. Fiz um intervalo após escrever duas unidades e depois após as duas finais do dia. A meta foi desafiante, mas realista e passível de ser alcançada.

2.4

Supere a baixa motivação

Tente descobrir por que fica desmotivado algumas vezes. Aprenda a desafiar os pensamentos que dificultam ou impedem que você siga adiante e realmente conclua uma tarefa.

Aqui estão alguns pensamentos comuns sobre desmotivação e sugestões para lidar com eles:

- **"Não tenho vontade de fazer isso."** Faça o que você sabe ser o correto, independentemente de seus sentimentos. No dia em que eu deixei meu escritório para discutir o que acabou se tornando meu primeiro livro, ignorei os pensamentos que buzinavam em minha cabeça, "por que se incomodar em ir a esta reunião?" Foi bom eu ter ido, já que mais tarde aquele livro vendeu milhares de cópias.
- **"Não sei por onde começar."** Divida a tarefa em pequenas partes, em unidades mais fáceis de administrar.

Estudo de caso: Durante um voo de avião, Marcus se viu sentado ao lado do diretor-presidente de sua organização. Em vez de entrar em pânico com a possibilidade de conversar com alguém do alto escalão da empresa, desafiou os pensamentos errados de fracasso e medo. Expressou de forma gentil, porém

- **"Não estou com vontade de trabalhar."** Estabeleça tarefas simples de serem concluídas. Imagine ser uma tarefa de que você gosta. Seja firme consigo mesmo, mas depois se dê uma recompensa quando tiver concluído a tarefa.

- **"É chato."** Estabeleça um limite de tempo para concluir parte da tarefa, digamos, dez minutos.

- **"Eu trabalho melhor diante de um prazo final."** O.k., pode ser esse o caso, mas você ainda pode planejar melhor seu tempo.

- **"Tenho receio de falhar."** Lembre-se de que a pessoa que nunca errou, nunca fez alguma. Não entre em pânico. Pense: o que de pior poderia acontecer? Aprenda com seus erros. Seja corajoso. Se necessário, aprenda novas habilidades.

- **"Eu sempre fiz isso assim."** Arrisque-se. Faça alguma coisa de forma diferente. Saia do lugar comum, inove. Mude sua perspectiva. Inovação é uma oportunidade a ser agarrada, não uma ameaça. Agarre a oportunidade.

Faça o que você sabe ser o correto, independentemente de seus sentimentos de apatia.

---

clara, quais eram os pontos fortes e fracos que ele via no futuro da empresa. O resultado foi que, alguns dias depois, Marcus recebeu um telefonema que, em última análise, levou-o a uma promoção. Ele foi firme consigo mesmo, controlou-se e não entrou em pânico. Correu um risco, expôs o que pensava e foi recompensado.

2.5

Aprimore sua tomada de decisão

Todos nós tomamos decisões constantemente na vida – quais roupas usar todos os dias, quais alimentos comer e assim por diante, mas pode ser difícil tomar decisões sobre coisas que têm maior significado.

Aqui estão algumas orientações sobre como chegar a uma decisão. Anotar todas as escolhas que você tem pode ajudar muito. Se forem muitas escolhas, reduza-as para as mais importantes. Faça as seguintes perguntas a si mesmo (penso que escrever as respostas pode ser de grande valia):

- **Quais são as vantagens e desvantagens de cada opção?** Você precisará dar mais importância a algumas vantagens e desvantagens para decidir qual o caminho a seguir.
- **Quais são as consequências de escolher cada opção?** Por exemplo, escolher um novo trabalho que poderia significar ficar longe de casa por semanas a fio teria um impacto importante em sua vida familiar.

Estudo de caso: Eu estava para fazer um curso intensivo de um mês em Londres e tinha que tomar uma decisão sobre onde ficar durante o curso: em casa, viajando quatro horas todos os dias; com meu irmão no centro de Londres; ou com meu tio no subúrbio. Listei as várias opções, pesando o custo

- **O que aconteceria se você não tomasse nenhum decisão?** Como isso se relaciona com o cumprimento de seus objetivos em longo prazo?
- **Qual é o momento para se tomar uma decisão?** Por exemplo, você tem alguma reunião que está para acontecer na qual precisa relatar sua decisão? Se assim for, reserve tempo para elaborar seu relatório. Se não tem um tempo determinado, então dê um tempo a si mesmo para incentivá-lo a seguir adiante.
- **Com quem posso procurar me aconselhar sobre esse assunto?** O ideal é que procure se aconselhar com alguém mais experiente do que você, mas qualquer bom amigo pode funcionar como uma "pessoa que ouve novas ideias e as avalia".
- **Saia do lugar comum. Inove!** Seja criativo e coloque a imaginação para funcionar a fim de alcançar o maior número de soluções possíveis. Nesse ponto, pode ser útil fazer uma pausa nos detalhes para tentar chegar a uma decisão para ajudá-lo a focar no cenário como um todo.
- **Não ignore os seus instintos.** Qual é sua resposta instintiva para as diferentes escolhas que você tem?

Seja lógico em sua abordagem para tomar as decisões, mas considere o que seus instintos estão lhe dizendo também.

financeiro, tempo de viagem e acesso a um computador. Analisando, percebi que o fator mais importante não era o custo ou o tempo da viagem, mas como eu poderia continuar a trabalhar. Isso ajudou em minha decisão de ficar com meu irmão, usando meu laptop, a impressora e o modem dele.

2.6

Seja flexível em relação ao local onde você trabalha

Se você puder trabalhar em casa, pelo menos parte do tempo, provavelmente conseguirá dar conta de muito mais trabalho. Além disso, terá flexibilidade e controlará o tempo sem alguém ficar checando seu serviço o tempo todo.

Aprenda a fazer bom uso de seu tempo onde quer que esteja. Se viaja regularmente de trem ou de avião, por exemplo, planeje levar trabalho para fazer durante o percurso. Se você puder trabalhar em casa em determinados dias, verá que poderá dar conta da papelada de forma eficiente ou ter tempo para colocar a criatividade para funcionar, longe das distrações. Se você trabalha em casa regularmente, observe as seguintes dicas:

Estudo de caso: Jô trabalhou em casa por aproximadamente trinta anos. Havia muitas vantagens, inclusive a de comparecer a menos reuniões, gastar menos tempo para ir até o trabalho – um deslocamento de 30 segundos – e estar em casa quando as crianças dela chegavam da escola. Por mais que tenha perdido

- **Seja disciplinado.** Estabeleça uma hora certa para começar e terminar o trabalho todos os dias. Programe intervalos em seu cronograma.
- **Estabeleça seu sistema de apoio.** No escritório, você tem o bate-papo de trabalho com seus colegas. Em casa, é apenas você. É preciso tomar a iniciativa de criar tempo para se encontrar com os amigos.
- **Evite distrações.** Diga aos amigos e à família que você está trabalhando e não deve ser perturbado. Alguns o ouvirão, outros não, mas você precisa estabelecer limites claros.
- **Organize o espaço para seu escritório.** De preferência, ele deve ser em uma sala separada, para manter um limite entre o trabalho e a casa.
- **Providencie ajuda profissional.** Você precisará, por exemplo, fazer seguro – se os clientes visitam suas instalações ou se você tem equipamentos especializados. Um amigo, gerente de banco aposentado, tem me ajudado muito ao longo dos anos. Ele me ajuda a verificar os custos, planejar os fluxos de caixa e assim por diante.

Trabalhar em casa às vezes significa que provavelmente você conseguirá dar conta de muito mais trabalho.

o contato regular com os colegas de trabalho, ela aprendeu a aproveitar a hora do almoço para fazer atividades como ir à academia ou se encontrar com amigos regularmente. Isso ajudou a minimizar a sensação de isolamento sentida por muitos que trabalham em casa e a manteve saudável e feliz.

Capítulo 3

Organize-se

Deixar sua mesa livre da desordem desnecessária vai ajudá-lo a pensar e trabalhar melhor. Manter uma agenda e fazer uma lista dos "afazeres" irá mantê-lo informado sobre tudo. Se alguma coisa está escrita, não precisa mantê-la constantemente em sua mente, que você poderá usar para tarefas mais criativas. Estabeleça métodos para ajudá-lo com as tarefas rotineiras e elabore cronogramas detalhados para os projetos. Assim, se achar que está atrasado, poderá tomar algumas medidas e voltar aos trilhos.

3.1

Limpe sua mesa

Parte de ser organizado é ter tudo de que precisa ao alcance das mãos e não ser rodeado por pilhas desorganizadas de papéis e coisas desnecessárias. Seu objetivo é organizar tudo para que seu trabalho seja eficiente e você possa retomá-lo quando quiser. Organize o que você usa regularmente para que esteja sempre à mão e funcione da melhor maneira.

Aqui estão cinco etapas práticas para organizar um bom espaço de trabalho.

1 Retire de sua mesa as coisas que não estão relacionadas ao seu projeto atual. Isso o ajudará a focar a atenção no que realmente importa para trabalhar. Posicione as coisas de que precisa constantemente em lugares de fácil alcance, para não ter que se levantar continuamente da cadeira.

---

2 Se tiver caixa de entrada e de saída, use-as. Ocasionalmente, comece pela parte de baixo da pilha na caixa de entrada e jogue fora ou arquive os papéis que está mantendo lá.

Minuto de reflexão: Ao final de cada dia, organize sua mesa. Guarde tudo que não for essencial fora da vista, em gavetas e armários com prateleiras, e mantenha à mão somente o que for relacionado com os projetos atuais. Todo o resto deve ser arquivado.

3 Faça uma arrumação em seu ambiente de trabalho – canetas, papéis, canecas, copos, lápis, clipes e assim por diante. Guarde todas as coisas que não usa com frequência.

---

4 Faça o arquivamento do material mais antigo. Rotule nas caixas os documentos antigos de forma clara com seus conteúdos e datas.

---

5 Certifique-se de que seu computador está em uma posição que o ajude a trabalhar de forma eficiente e confortável, com segurança. A tela do computador deve ficar na altura certa – em geral, recomenda-se que o monitor esteja a uma distância de pelo menos 63 cm de seus olhos (25 polegadas) e a parte superior da tela do monitor esteja um pouco abaixo do nível dos olhos. Assegure-se de que esteja sentando em uma cadeira bem projetada e ajustada na altura correta. Limpe a área embaixo da mesa, a fim de que haja espaço para esticar as pernas e ponha um descanso para os pés também.

Tire de sua mesa as coisas de que não precisa o tempo todo, assim você consegue pensar claramente e se concentrar melhor.

3.2

Mantenha uma agenda de compromissos

Manter uma agenda significa que você pode controlar as coisas. A agenda também pode ser útil para lembrar que você precisa cobrar relatórios e respostas de seus colegas. Lembre-se de que, se usar a agenda do Outlook no escritório, muitas pessoas poderão ver seus compromissos ou o período de tempo que você bloqueou.

- **De papel ou eletrônica?** Não importa se você usa uma agenda de papel ou eletrônica, mas que você tenha uma – e somente uma – para todos os compromissos pessoais e de negócio. Nela também pode anotar ações/tarefas para fazer, pessoas para ver, e-mails a enviar, telefonemas para dar, etc. Durante alguns anos, tive duas agendas, uma para o trabalho e outra para o resto de minha vida, porém isso se tornou impraticável.
- **Agende de forma sensata.** Pense um pouco sobre os agendamentos de compromissos: o que aconteceria se uma reunião se esten-

Estudo de caso: Mike se dá melhor com uma agenda A4 com os dias da semana e espaço para sábados e domingos. No espaço de sexta-feira, ele separou um espaço para planejamento futuro: itens que acontecerão na semana seguinte. No final de cada dia

desse? Você quer uma reunião durante o almoço? Lembre-se dos períodos em que é mais produtivo e reserve-os para o que é mais importante.

■ **Detalhe bastante.** Ao fazer uma anotação na agenda, detalhe o suficiente para ser capaz de entender o que significa quando você a ler posteriormente. Você também pode querer que outra pessoa a entenda também. Escreva o local de uma reunião, por exemplo, se não for em seu escritório, com a hora e a pessoa ou pessoas com quem se reunirá.

■ **A lápis ou caneta?** Se a agenda for de papel, algumas pessoas preferem usar lápis para fazer alterações mais facilmente.

■ **Deixe lembretes.** Use lembretes eletrônicos para itens repetitivos, como alugar um carro para um serviço, pagar contas, enviar cartões de aniversário. Configure os lembretes com bastante antecedência para lhe dar tempo de pensar e tomar as medidas necessárias.

■ **Use um planejador de parede.** Isto pode ajudá-lo a ter uma visão geral. Nele, marque os feriados, férias e momentos ou períodos específicos em um projeto.

■ **E quanto a outras informações?** Você pode adicionar informações como números de telefone, e-mails e informações de contato em sua agenda, mas, se sua agenda for de papel e você a troca anualmente, será melhor ter uma agenda de endereços separada para isso.

Manter uma agenda ajuda-o a controlar o emprego de seu tempo.

de trabalho, Mike planeja o dia seguinte de trabalho, compromissos, telefonemas, etc. Na sexta-feira, analisa o planejamento do trabalho da próxima semana. Usando esse método, ele aprendeu a ter o controle básico de seu dia de trabalho.

3.3

Estabeleça sistemas

Existem provavelmente muitas tarefas que você faz como parte do seu trabalho diário, semanal ou mensal. Se organizá-las de forma eficiente, liberará um pouco mais de tempo e será capaz de trabalhar de forma mais eficaz.

Identifique as tarefas que você desempenha regularmente e que fazem parte de seu trabalho. Alguns itens, tais como verificar e-mails, são tão regulares que não precisa listá-los – eles são parte integrante de sua vida.

Vou listar a seguir coisas em que estou pensando:

- **Tarefas diárias e semanais.** Preenchimento de horas trabalhadas, telefonemas para novos contatos, varredura nas publicações para obter informações relevantes.

- **Tarefas mensais.** Estas podem incluir redigir relatórios sobre o progresso feito, produzir boletins mensais e atualizar seu website. Treinamento também pode cair neste grupo, assim como buscar novas

Estudo de caso: Depak trabalha em uma fábrica de processamento de alimentos. É sua obrigação preparar as contas mensais para o chefe dele. Elas sempre vencem na segunda-feira da quarta semana do mês seguinte. Tão logo chegam os extratos bancários, Depak começa o trabalho. Durante a

pistas ou contatos e fazer os preparativos para exposições e conferências comerciais.

■ **Tarefas anuais.** Estas tarefas podem incluir a realização de avaliações anuais de funcionários e preparação das contas de fim de ano.

■ **Identificar tarefas para agendar.** Insira as tarefas em sua agenda como itens recorrentes.

■ **Considere mais detalhes.** Divida essas tarefas em unidades menores, mais administráveis, se necessário, e faça uma lista das pessoas que precisa contatar em cada caso, seja por prioridade ou por ordem das diferentes etapas da tarefa.

■ **Agora prepare as listas de verificação.** Reúna em listas de verificação as tarefas que executa regularmente para ticá-las à medida que as concluir. Elabore esse tipo de lista para todas as tarefas que puder; assim, quando precisar repetir uma, não haverá necessidade de pensar nas diferentes etapas, nas várias pessoas a serem contatadas, entre outros itens.

Agende suas tarefas regulares e desenvolva sistemas para concluí-las.

primeira semana, ele analisa as faturas, contas e comprovantes. Na segunda semana, concilia os números e, na terceira semana, finaliza os detalhes e trata de outras questões, para que, até a quarta semana, ele esteja pronto para apresentar o resumo completo ao chefe.

3.4

Arquive

Arquivar papéis significa que você poderá acessar as informações facilmente quando precisar delas. Não é preciso manter todas em sua mesa. Um bom sistema de arquivo segue determinados princípios e estes se aplicam igualmente para as cópias impressas e digitais dos arquivos. Aqui estão algumas orientações importantes para o arquivamento de dados.

- **Use um sistema.** Siga um sistema que funcione para você e do qual se lembre. A ordem alfabética normalmente funciona bem para a maioria das etapas do trabalho. Outra alternativa é ordenar por data.
- **Seja claro.** Dê um nome ao arquivo. Se você trabalha com arquivos eletrônicos e quer dar um nome com data, certifique-se de usar sempre o mesmo formato: Por exemplo, 070310 para 7 de março de 2010.
- **Seja específico.** Divida os projetos grandes por etapas, com um arquivo para cada um deles.
- **Ajude a si mesmo.** Algumas vezes, anoto detalhes de contatos importantes, como número do telefone ou e-mail, na frente do arquivo.

Estudo de caso: Recentemente, uma editora me procurou para reaproveitar o material de um livro no qual eu trabalhei há 15 anos. Eu sabia que tinha o texto, mas a questão era: será que meus sistemas de compactação e arquivamento classificatório me permitiriam recuperar a informação solicitada facilmente? O texto estava em duas metades: rapidamente,

■ **Pense no futuro.** Escreva notas para si mesmo. Você acredita que vai lembrar um ponto específico, mas será que consegue mesmo daqui a uma semana, mês ou ano? Escreva uma nota para si mesmo, date-a e coloque-a no arquivo.

■ **Mantenha-o organizado.** Dentro da pasta de material impresso, mantenha o que for mais recente em cima. A cada tantas semanas, volto ao arquivo e coloco o material mais recente embaixo de uma folha colorida de papel, na qual escrevo: "Assuntos tratados".

■ **Esteja um passo à frente.** Se estiver trabalhando com arquivos eletrônicos, configure os diretórios de arquivos "Temporários" ou "Reserva" para usar quando surgir a ocasião.

■ **Arquive regularmente.** Reserve tempo para arquivar sua papelada regularmente. Use uma hora do dia quando estiver menos produtivo para fazer isso.

■ **Faça uma limpeza.** Não arquive tudo. Algumas vezes, o melhor lugar para arquivar um papel é na cesta de lixo!

Se optar por um sistema eletrônico de arquivamento, pense sobre qual método funciona melhor para você. Não queira gastar enormes quantias de tempo arquivando e-mails em pastas, um para cada projeto. É possível ter um arquivo compacto de entrada e outro grande de saída: arquivar os e-mails dessa forma pode significar empregar melhor seu tempo.

Desenvolva sistemas de arquivamento que funcionam melhor para você e habitue-se a usá-los.

achei a primeira parte, mas tive que verificar todo o material eletrônico compactado até localizar a segunda. Como estava tudo devidamente etiquetado, achei o material em 20 minutos. Fiquei grato por ter desenvolvido um sistema claro de armazenagem de dados desde o início de minha vida profissional.

3.5

Crie uma lista de ações

Quando tiver dividido seus objetivos em tarefas menores e administráveis, você poderá preparar uma lista de ações necessárias para executar e concluir as tarefas em um determinado dia. Um plano de ação diário reúne todas as suas tarefas.

Inclua na lista as tarefas com objetivos de longo prazo, tarefas de projetos especiais nos quais está trabalhando agora e reuniões regulares. É importante não se concentrar apenas no que é urgente ou prioritário, mas também olhar mais adiante, para tarefas que de fato o ajudam a realizar seus objetivos em longo prazo.

Quando faço uma lista de ações, ou uma lista "de afazeres" para o dia, incluo tudo o que precisa ser feito, assim não tenho que depender de minha memória. Eu escrevo as grandes tarefas dos projetos atuais que devo concluir naquele dia, as reuniões e os colegas e amigos para quem preciso enviar e-mails. Entretanto, é importante ser realista e não tentar se sobrecarregar.

Algumas pessoas fazem uma anotação ao lado de cada tarefa com o tempo estimado para ser concluída. Não faço isso – tomaria tempo

Estudo de caso: O plano de ação de hoje para mim incluiu trabalhar em quatro unidades deste livro, discutir um contrato, um compromisso de almoço com amigos, uma reunião de atualização rotineira à tarde, pedir para um colega fazer algumas pesquisas, organizar reuniões e

Minuto de reflexão: Olhe seu plano de ações regularmente durante o dia. Eu não costumava fazer isso, apenas listava as tarefas, e depois me perguntava por que não as havia concluído! Então, dê uma olhada na lista de vez em quando para se manter dentro do programa determinado.

demais! Prefiro simplesmente listar os itens em vários lugares em uma folha de papel A4 em branco (no formato horizontal):

- **Lado esquerdo.** Grandes tarefas a serem concluídas hoje (isso normalmente consiste em apenas um ou dois itens).
- **Centro superior.** Pessoas que eu preciso contatar por telefone (t) ou e-mails (e) que preciso enviar durante meu intervalo para café no meio da manhã.
- **Lado direito.** Tarefas de rotina a serem concluídas em momentos ociosos durante o dia, enquanto espero alguém ao telefone, o computador finalizar uma tarefa ou a serem realizadas durante as partes menos produtivas de meu dia.

Tento agendar como um item separado uma hora para eu pensar – como abordar um colega com uma questão difícil, por exemplo. Também é importante reservar tempo para viagens e, se possível, interrupções.

Um plano de ação diário é fundamental.

enviar e-mail de aniversário para um amigo na África. Eu riscava as tarefas à medida que as concluía. Se, por alguma razão, a tarefa não era concluída, colocava um círculo em torno do item e a transportava para a lista de ações do dia seguinte.

3.6

Estabeleça um cronograma realista

Um cronograma não é apenas o planejamento das tarefas individuais que fazem parte de um propósito, ele também é fundamental para ajudá-lo a monitorar o progresso de um projeto que está em andamento.

Aqui estão algumas orientações para ajudá-lo a planejar um cronograma:

1 Divida seu projeto em unidades ou tarefas menores. Isso sempre o ajuda a monitorar o fluxo de trabalho e o tempo empregado.

---

2 Organize as diferentes tarefas: algumas precisam ser concluídas sequencialmente, isso quer dizer que necessáriamente você precisará concluir algumas antes de iniciar outras.

---

3 Calcule quanto tempo cada tarefa levará de fato em termos de horas ou dias. Seja o mais preciso possível.

Minuto de reflexão: Pense sobre uma tarefa ou projeto em que esteja trabalhando atualmente. Você tem um cronograma em funcionamento? Se a resposta for sim, ele leva em consideração os pontos abordados aqui? Quando terminar o trabalho, olhe para trás e veja quão preciso foi seu cronograma.

"Os últimos 10% do projeto usam os últimos 90% do tempo." **Anônimo**

---

4 Calcule os recursos e a logística. De que precisará para concluir o projeto em termos de dinheiro e pessoal?

---

5 Em um gráfico, escreva as datas de início e término para o projeto inteiro e para cada uma das tarefas. No gráfico, você também pode colocar a primeira data de início e término e a última data de início ou término para ter uma ideia da flexibilidade de tempo de que dispõe. Esse tipo de gráfico onde se inserem esses detalhes chama-se gráfico de Gantt – ilustra a duração de determinadas tarefas de um projeto usando unidades de tempo, como semanas ou meses.

---

6 Lembre-se de que alguns colegas alocados em seu projeto também podem estar trabalhando em outros projetos. Faça uma provisão para isso em seu cronograma. Além do mais, dê tempo para a aprovação das diferentes etapas pelo órgão que toma as decisões.

---

7 Finalmente, faça uma provisão para atrasos de contingência – as coisas podem dar errado –, para férias, doenças do pessoal e assim por diante. Baseie seu planejamento em 40 a 44 semanas por ano (não 52) para o trabalho produtivo.

Estabelecer um cronograma significa ver claramente o progresso que se está obtendo em um projeto.

Capítulo 4

Trabalhe melhor

Trabalhar de forma eficiente não é uma apenas questão de se conhecer, dominar seu trabalho e ser organizado. Por isso, neste capítulo, você encontrará dicas sobre a implantação de estratégias que lhe permitirão ter sucesso e se destacar na multidão. Ter objetivos claros, pensar criativamente, ser proativo e aprender a fazer bem as coisas na primeira vez podem ser grandes poupadores de tempo e o ajudarão a trabalhar melhor.

4.1

Trabalhe de forma inteligente, usando a sigla **ARAME**

Não adianta ter objetivos vagos e irrealistas, pois eles não passarão de sonhos ou aspirações. Isso pode ser ótimo para inspiração, mas, para conseguir concretizar as coisas, sua mente tem que ser mais pragmática e mais clara. Defina objetivos específicos para se assegurar de que eles sejam realistas e alcançáveis.

Uma boa forma para se lembrar disso é memorizar a sigla **ARAME**.

- **A = Alcançável.** É preciso se concentrar nos objetivos que são realistas e possíveis. Eles devem desafiá-lo, mas não devem estar completamente fora de seu alcance, irrealistas e inatingíveis.
- **R = Relevante.** Veja o objetivo no contexto de seus planos como um todo. Ele é uma parte útil do grande plano do que você quer concretizar? Poderá alocar recursos adequados para ele?

Estudo de caso: Andrew percebeu que, para se qualificar como contador, precisava estudar mais. O próximo passo para ele era realizar pesquisas sobre as diferentes instituições onde poderia estudar. Ele teria que refletir sobre se disporia ou não do dinheiro suficiente para pagar as mensalidades.

> "O mundo abre caminho para o homem que sabe para onde está indo."
>
> **Ralph Waldo Emerson, ensaísta e filósofo norte-americano**

- **A = Aprazada.** Com um prazo de tempo definido para conclusão, é possível planejar as etapas intermediárias que precisará concluir. Em última análise, isso irá ajudá-lo a realizar seu compromisso começando a agir corretamente desde agora.
- **M = Mensurável.** Os objetivos devem ser quantificáveis de alguma forma, para que você possa avaliar o progresso que está fazendo. Você também pode estabelecer etapas intermediárias para cumprir seu objetivo geral, como sinais de trânsito ao longo do caminho.
- **E = Específico.** Não vagos, mas claros e precisos. Manifeste claramente o que quer alcançar. Concentre-se exatamente no que quer fazer.

Algumas pessoas também adicionam o "AR", transformando a sigla em um "quase verbo".

- **A = Avaliado.** É importante ser capaz de verificar seu progresso ao longo do caminho para se assegurar de que está concluindo seus objetivos.
- **R = Relatado.** Também é útil registrar os objetivos, talvez em reuniões subsequentes ou em um relatório.

Objetivos precisos são mais fáceis para manter a visão e o foco claros.

Como não dispunha, percebeu que teria que arrumar um trabalho de fim de semana em vez de cortar outras despesas. Ele foi extremamente honesto e prático e, por estabelecer objetivos inteligentes para si, alcançou seu objetivo em poucos anos.

4.2

Utilize o tempo para poupá-lo

Pense em formas melhores e mais eficazes de trabalhar. Isso aumentará a eficiência e a produtividade como um todo em sua empresa ou organização.

Recentemente, fui contratado como consultor para estudar a organização que fazia os relatórios de acidentes de tráfego rodoviário da cidade. Descobri que os engenheiros que elaboravam os relatórios passavam a maior parte do tempo considerando detalhes dos acidentes, como a pavimentação das rodovias e as condições dos carros, que mais tarde seriam descartados pelo engenheiro sênior que verificava as minutas dos relatórios.

Sugeri que os engenheiros e os engenheiros seniores se reunissem no início dos serviços de consultoria para decidirem os aspectos mais importantes que deveriam ser informados. O resultado foi o aumento da

Estudo de caso: Sheila recebeu a solicitação para organizar uma reunião entre os colegas do Reino Unido e os colegas da Índia. Ela passou um dia inteiro examinando as várias opções: pesquisando custos de voos e hotéis no Reino Unido e comparando o custo da contratação de instalações de videoconferência. O tempo que Sheila levou para verificar

"A razão pela qual a maioria dos objetivos não é alcançada é que empregamos nosso tempo fazendo as coisas secundárias em primeiro lugar." **Robert J. McKain, escritor inspirativo**

eficiência: os engenheiros concentrados nesses aspectos e os engenheiros seniores gastando menos tempo em apagar detalhes sem importância.

Então, pare e pense.

- **Procure a melhor abordagem.** Será que existe uma maneira melhor do que a que você está atualmente utilizando para concretizar seus objetivos e metas como um todo?
- **Mantenha seus objetivos em mente.** Não foque exclusivamente nos detalhes da tarefa. Concentre-se em seus objetivos de forma ampla e descubra maneiras criativas para alcançá-los.
- **Disponibilize tempo para otimizar sua eficiência.** No início, seu novo plano pode levar algum tempo para ser configurado, mas, no final, irá lhe poupar tempo.

Concentre-se em seu objetivo geral e pense em formas criativas para alcançá-lo.

as diferentes opções foi bem gasto: ela apresentou os fatos à sua chefe e, juntas, decidiram que a reunião via videoconferência seria a melhor opção para a utilização dos recursos. Isso significaria que os colegas não teriam que gastar muito tempo viajando, mas poderiam se reunir em uma conferência virtual em tempo real.

4.3

Seja proativo, não reativo

Ser proativo significa agir com responsabilidade, decidir o que se quer fazer e implantar determinadas mudanças. Isso contrasta com o ser reativo, que tende a ser como agimos na maior parte do tempo: em resposta ao que já aconteceu.

Para ser proativo, siga estes três pontos principais:

- **Assuma a responsabilidade.** Perceba que você não tem que passar o tempo apagando incêndios, isto é, reagindo a crises (provavelmente algumas das quais poderiam ter sido evitadas se tivessem sido mais bem planejadas). Com muita frequência, somos movidos por forças externas, e isso significa empregar nosso tempo de forma ineficiente. Assuma a responsabilidade pela forma como você emprega seu tempo e, se precisar fazer mudanças estratégicas para atuar de maneira mais eficaz, defina-as como um objetivo e busque as mudanças necessárias.

Estudo de caso: Pouco depois de ter começado a conduzir seminários sobre redigir em inglês de forma clara, percebi que precisava diversificar, pois o mercado estava lotado de concorrentes. Descobri que um grupo específico de gerentes tinha mais benefícios com meus seminários: aqueles que deliberadamente haviam escolhido

■ **Pense nas implicações e nos efeitos de seus planos.** Estabeleça alguns objetivos de longo prazo e trabalhe para concretizá-los plenamente. Isso significa concentrar seus pensamentos e ações em todos os aspectos do projeto sobre o qual você tem influência. Por exemplo, se estiver trabalhando em um novo sistema de contas, precisa pensar não apenas nas informações a serem introduzidas no sistema, mas também em todas as informações que deseja que derivem dele, como relatórios e outras mais. Além disso, terá de pensar em quem comprtilhará os dados e em como isso poderá afetar a segurança do sistema.

■ **Tome a iniciativa.** Para realizar seus objetivos, você terá de escolher um determinado caminho. Isso pode exigir coragem, considerando-se que estará em solo desconhecido e talvez enfrente alguns colegas que discordam da sua escolha de prioridades. Mas você tem que demonstrar confiança, mesmo que esteja inseguro. Confie em si mesmo e no trabalho construtivo e meticuloso que teve para fazer suas escolhas.

Pense em como pode mudar seu desempenho profissional atual para ser mais proativo e ter mais controle de seu futuro.

---

uma carreira que não envolvia redação. Concentrei-me especialmente nos contadores e atualmente esta é uma das minhas áreas de crescimento. O sucesso está em ser proativo: decidir ativamente uma nova estratégia e elaborar um novo plano de longo prazo para conquistar um setor específico do mercado.

4.4

Identifique o que é importante e o que é urgente

Se você usar uma lista de ações (Segredo 3.5), já terá se habituado a avaliar quão urgente e importante é cada tarefa. Enfrente as tarefas mais urgentes e importantes imediatamente.

Classifique cada tarefa, numerando-as por ordem de importância e urgência, conforme demonstrado nos itens 1 a 4 a seguir. Você também poderá usar as letras A até D ou cores diferentes. Não importa o método utilizado, o importante é diferenciar cada tarefa:

1 Tarefas urgentes e importantes. São as tarefas que precisam ser enfrentadas ao lidar com uma crise ou quando um prazo final está chegando rápido. Essas são as tarefas a serem concluídas em primeiro lugar. No entanto, é problemático lidar constantemente com os itens urgentes e importantes. É melhor lidar com itens importantes de maneira ordenada e sem pânico. Se uma tarefa urgente e importante ocorrer regularmente, seja mensalmente ou uma vez ao ano, faça uma anotação na agenda na época apropriada antes do prazo final para que você possa lidar com ela de maneira mais eficiente da próxima vez.

Minuto de reflexão: Envolva as pessoas com as quais trabalha pedindo-lhes para pensar nas tarefas que elas estão fazendo hoje. Peça-lhes para enumerá-las por ordem de importância e urgência, de 1 a 4. Em seguida, sente-se com elas e discuta como vocês todos podem empregar o tempo de cada um de forma mais eficaz.

2 Tarefas não urgentes, mas importantes. O ideal é que essas tarefas constituam grande parte de sua carga de trabalho; portanto, a maior parte de seu tempo deve ser usada nesse nível de tarefas. Elas também estão associadas à concretização de seus objetivos em longo prazo, inclusive o planejamento e o desenvolvimento de relacionamentos. Esta é a categoria a ser trabalhada depois da "Tarefas urgentes e importantes".

---

3 Tarefas urgentes, porém menos importantes. Estas podem ser enviar e-mails a colegas, dar telefonemas ou ir a uma reunião. Reduza-as ao mínimo e delegue-as, se puder.

---

4 Itens menos urgentes e sem importância. Faça-os durante suas horas menos produtivas. Tenho uma pilha de revistas relacionadas ao trabalho que folheio à medida que vou reduzindo o ritmo para o fim de semana em uma sexta-feira.

Se você não sabe como começar uma tarefa específica, comece com a parte que menos deseja enfrentar ou a parte que for mais difícil ou mais longa.

O ideal é se certificar de empregar a maior parte do tempo em tarefas importantes, porém não urgentes – esta deve ser a parte principal de seu trabalho.

4.5

Divida a tarefa em pequenas etapas

Dividir uma tarefa grande em unidades menores pode fazê-lo se sentir menos temeroso ou preocupado ao enfrentá-la.

Se uma tarefa grande parece difícil de entender e você não sabe por onde começar, crie um diagrama-padrão (Segredo 1.2). Quando estiver mais seguro sobre os diferentes aspectos da tarefa, divida-a em etapas menores e mais administráveis. Organize-as em uma lista para saber a ordem em que as ações precisam ser concluídas. Em seguida, crie uma planilha com base na lista. Se precisa concluir determinadas etapas até determinadas datas, então crie uma coluna ao lado de cada ação para: “Data estimada de conclusão”. E outra coluna para: “Data real de conclusão”.

■ **Conclua uma etapa pequena antes de passar para a próxima.** Não pense que trabalhar em duas ou mais tarefas separadas

Estudo de caso: Ross tinha que determinar as várias etapas para seu novo projeto de construção. Portanto, dividiu-o em planejamento e aprovação pela diretoria e nas três etapas de conclusão do projeto real. Inseriu as datas previstas para a conclusão de todas as tarefas em uma planilha para poder monitorar todas as diferentes partes do projeto. Ao concluir

"Divida cada dificuldade em tantas partes quantas forem necessárias e viáveis para serem solucionadas."

René Descartes, filósofo francês do século 17

ao mesmo tempo lhe dará alguma sensação de variedade no trabalho. É provável que você fique confuso! Permaneça concentrado e finalize uma ação por vez, antes de passar para a próxima.

- **Comece com a etapa mais longa e mais difícil.** A menos que as ações precisem ser concluídas em uma ordem específica, comece pelas tarefas mais difíceis. Concluí-las lhe dará um ânimo psicológico e grande sensação de realização.
- **Defina um período de tempo.** Tenha como objetivo concluir um determinado número de ações até uma data específica ou hora do dia. Insira a data ou hora em que elas forem sendo realmente concluídas em sua planilha.
- **Sempre que parar o trabalho diariamente, faça-o em um ponto conveniente.** De preferência, chegue ao fim de uma ação específica, para começar facilmente uma nova ação da lista quando retomar o trabalho.

Assuma o controle de seu trabalho, dividindo-o em etapas administráveis.

o diagrama-padrão, percebeu que precisaria dedicar mais esforço do que havia imaginado na comunicação sobre o andamento do projeto a todos os funcionários, fornecedores e usuários finais. Analisar o trabalho dividido em etapas menores ajudou-o a captar os detalhes do todo e se sentir mais no controle do projeto.

4.6

Faça certo na primeira vez

Talvez sinta que nem você ou seu trabalho são importantes, ninguém o valoriza, mas você tem, sim, um papel importante a desempenhar em sua empresa ou organização. É importante que, seja o que for, você realize um bom trabalho e de forma eficiente.

Fazer bem seu trabalho na primeira vez, não importa quão sem importância ele pareça ser, irá poupar tempo e dinheiro à sua empresa ou organização. E também será benéfico para você, pois não terá que se chatear repetindo tarefas. Mas vamos imaginar uma situação em que não consiga fazê-lo corretamente na primeira vez. O que acontecerá? Talvez seu chefe tenha que se desculpar com os clientes, por exemplo, ou convocar uma reunião para discutir como remediar a situação, ou ouvir os vários membros de sua equipe discutirem sobre como resolver a bagunça.

Estudo de caso: Uma determinada tinturaria recebeu tantas queixas sobre a má qualidade dos serviços e atendimento ao cliente que decidiu mudar radicalmente a abordagem. Todos os aspectos do negócio, a partir do momento em que o cliente entrava na loja até as decisões da diretoria, foram examinados detalhadamente para impedir qualquer erro e procedimento

"A melhor preparação para um bom trabalho amanhã é fazer um bom trabalho hoje." **Elbert Hubbard, artista norte-americano**

Muitas pessoas teriam que dispor de tempo para consertar as coisas, desviando-as de suas principais responsabilidades, e tudo porque você não teria cumprido seu papel de forma apropriada.

Para incutir o valor "faça direito na primeira vez" em uma organização, é preciso se certificar de que:

- Cada membro da equipe esteja ciente de que qualidade é uma necessidade.
- As funções e responsabilidades de cada um estejam claras para ele mesmo.
- Saiba exatamente o que se espera dele.
- Cada um fará o melhor que puder para evitar a má qualidade.
- O custo da baixa qualidade seja claramente entendido por todos.
- O trabalho de cada um deve ser sempre da mais alta qualidade.
- Cada um deve pensar em como melhorar ainda mais a qualidade.

Seja qual for a tarefa, fazê-la certo na primeira vez significa empregar o tempo da forma mais eficaz.

errôneo. Os funcionários passaram a ser constantemente lembrados de que consertar erros custa dinheiro à empresa. Os clientes eram saudados com simpatia assim que entravam na loja e uma lista de verificação foi criada para os funcionários, a fim de garantir que as roupas fossem sempre limpas e entregues com o máximo de qualidade.

4.7

Responda aos problemas de forma criativa

Todos nós já passamos pela situação de esgotamento do nosso raciocínio e incapacidade para solucionar algum problema. O tempo passa rápido e é preciso resolver uma questão rapidamente e seguir adiante. Precisamos ver as dificuldades e os problemas como desafios a serem enfrentados.

Aqui estão algumas formas criativas para você resolver dificuldades.

- **Converse com colegas.** Converse com eles, não envie e-mails. Explique sua dificuldade com o mínimo de jargão possível e da forma mais simples que puder. Isso irá encorajá-lo a definir o problema e chegar ao cerne da questão. Discuta o problema, não apenas para esclarecê-lo, mas também para trabalhar de forma criativa que vai ajudá-lo a encontrar a solução. Ouça seus amigos... de verdade.

- **Consulte um especialista.** O ideal é conversar com alguém que tenha lidado com sucesso com esse tipo de problema antes. Essa pessoa poderá sugerir olhar para o problema de um ângulo que você ainda não tenha pensado.

- **Pense em como descrever a dificuldade de maneiras diferentes.** Desenhe a dificuldade. Pense em alguma forma

Minuto de reflexão: Pense em uma metáfora para o problema que está vivenciando. Se for como aumentar as vendas, por exemplo, você pode visualizar o esforço despendido para escalar uma montanha. Isso pode levá-lo a pensar em como poderia dividir sua equipe de vendas para manter o acampamento base e prestar apoio aos escaladores de elite. A elite se equivaleria ao pessoal de vendas com alta ambição, tendo por objetivo alcançar o topo. Esta é uma forma de repensar o problema.

de descrevê-la por meio de arte, música ou drama. Crie uma analogia para ela. Consulte colegas com experiências diferentes. Aqueles com experiência em ciências podem fazer perguntas mais diretas e precisas do que os que têm experiência em artes, por exemplo.

- **Reflita profundamente sobre isso.** Tenha o objetivo de solucionar a questão subjacente, não superficial. Se estiver lançando um novo produto, por exemplo, não pense vagamente sobre o sucesso dele. Pergunte a si mesmo: "Como seria o sucesso em termos específicos?"

- **Pense lateralmente.** Faça um modelo de diagrama (Segredo 1.2) para ajudá-lo a pensar de forma inovadora. Um colega estava pensando em alugar galinhas e colocou isso em um diagrama para examinar suas várias questões. O que surgiu como maior desafio não foi o aspecto financeiro, mas o possível efeito sobre os vizinhos. Use um dicionário ou léxico para gerar ideias, palavras e frases associadas. Trabalhe com os antônimos também.

- **Faça um intervalo.** Durma sobre a questão, se o tempo permitir, e retome-a novamente.

A solução de problemas não gira apenas em torno da lógica. Algumas vezes, é preciso pensar criativamente.

4.8

A vida além do trabalho

Sabemos que o foco principal deste livro é administrar melhor seu tempo no trabalho. Mas uma parte importante de trabalhar bem é cuidar bem de você como um todo, incluindo tirar uma folga do trabalho: não apenas fazer intervalos durante o dia de trabalho, mas também relaxar após o trabalho e reservar tempo para as férias.

Se você não fizer intervalos, corre o risco de trabalhar demais e adoecer – o que, naturalmente, interromperia seu trabalho. Existem duas esferas básicas de atividade que devem fazer parte da sua vida, ambas servem para distraí-lo e fazê-lo se sentir melhor como um todo. São elas:

- **Atividades sociais.** Inclui passar um tempo com o parceiro, com a família e os amigos, ir ao cinema, teatro ou concerto, visitar um museu ou galeria de arte, organizar um dia beneficente divertido. Ou

> **Estudo de caso:** Por muitos anos, minha família e meus amigos me diziam que eu estava acima do peso, mas eu sempre adiava qualquer decisão a respeito. Acabei tomando duas atitudes: entrei para uma academia local e me matriculei em uma aula de emagrecimento. Confrontei minha baixa motivação perguntando a mim mesmo por que havia adiado essas decisões. O que me incomodava era (1) gastar tempo

se dedicar a um hobby, como pescar, jardinagem ou cerâmica. Todas essas atividades ajudam a estimular e distrair a mente.

- **Exercícios físicos.** Especialmente se você trabalhar em um escritório ou ambiente tão limitante quanto, o exercício é vital para seu bem-estar geral. Atividades como sair para caminhar, correr, praticar esportes ou malhar em uma academia o ajudarão física e mentalmente, liberando sua mente do trabalho.

Agende essas atividades em seu programa normal – antes do trabalho, depois ou na hora do almoço. Apesar de estar provado que fazer um intervalo para o almoço melhora a eficiência, ele é uma das primeiras coisas a serem cortadas em épocas de acúmulo de trabalho.

Outra coisa a prestar atenção é a alimentação e nas bebidas. Tome um bom café da manhã e lanches saudáveis. Evite muita cafeína e cigarros e reflita para saber se você precisa ou não cortar o consumo de álcool. Reduza a ingestão de açúcar e gorduras. Não faça refeições pesadas tarde da noite. Uma dieta e estilo de vida saudável influenciam muito seu desempenho no trabalho.

Todos os dias, passe algum tempo fazendo algo de que você gosta.

trocando de roupa do trabalho para as de ginástica e (2) querer saber o que as pessoas pensariam de mim na academia. Lidei com o primeiro ponto indo trabalhar com minhas roupas de ginástica e com o segundo dizendo a mim mesmo que era tolice me preocupar com o que as outras pessoas poderiam ou não pensar. Ao dar esses passos positivos, minha saúde e meu bem-estar geral melhoraram.

Capítulo 5

Trabalhe melhor em equipe

Trabalhar eficazmente não se resume a cada pessoa trabalhar bem individualmente. Quando elas trabalham juntas, a combinação dos esforços conjuntos é mais producente do que a soma de seus resultados individuais. Numa equipe com um bom relacionamento de trabalho, as pessoas sabem claramente quais são seus papéis, responsabilidades e autoridade. As tarefas são delegadas claramente e isso resulta em uma equipe equilibrada, com todos os membros se sentindo valorizados e incluídos. Este capítulo estuda o trabalho eficiente em equipe.

5.1

Aprenda a administrar seu chefe

Imagine a situação: seu chefe não é organizado e muda constantemente de ideia em relação às prioridades. As instruções que ele dá não são claras e em seguida levanta a voz quando acha que você não seguiu as orientações dele.

Alternativamente, imagine um cenário oposto: seu chefe transmite instruções claras, mas fica vigiando-o para se assegurar de que você está executando tudo conforme a vontade dele. Você sente que ele não confia em seu trabalho. Em ambas as situações, acaba se sentindo frustrado e não valorizado.

Nossa tendência natural é fazer o que nosso chefe deseja ou espera, mas é importante aprender a administrá-lo. Aqui estão algumas dicas:

- **Pense sobre o estilo de trabalhar de seu chefe.** Procure entender o âmago dos padrões de comportamento dele e pense nele

Estudo de caso: Barry começou em um novo trabalho e precisava ficar perguntando as coisas à gerente dele, Gill. No entanto, com frequência Gill estava em reunião e sempre correndo de um lado para o outro. Depois de algum tempo, ela começou a dar respostas curtas às perguntas que Barry fazia a ela questionando-o: "O que você acha que deveria fazer?"

como uma pessoa. Um bom chefe vai querer obter o melhor de seus funcionários. Infelizmente, todos os chefes têm suas áreas de insegurança e estas ficarão claras ao longo de uma relação comercial.

- **Deixe claro que você quer aprender.** Agende reuniões regulares com seu chefe para revisar a maneira como está executando seu trabalho.

- **Peça esclarecimentos.** Se as instruções não ficarem claras para você, peça para ele esclarecê-las. Não há razão para redigir um relatório de 20 páginas se seu chefe quer um documento com apenas cinco. A comunicação pessoal é melhor para isso, em vez de usar o e-mail. Se fizer essas perguntas por e-mail provavelmente não terá nenhum progresso.

- **Chegue a um acordo em relação às prioridades com seu chefe.** Isso é especialmente verdadeiro se seu chefe ficar lhe passando mais e mais trabalho. Se for assim, você precisa chegar a um acordo sobre o objetivo principal de seu trabalho e sobre as prioridades para atingir esse objetivo. Quando tiver decidido isso, chegue a um acordo com seu chefe sobre as atividades que estão voltadas para realizar essas prioridades e as que não estão. Em seguida seja implacável: evite as atividades que não preenchem as prioridades acordadas.

É do interesse de seu chefe não desperdiçar seu tempo.

No início, isso deixava Barry frustrado. Por outro lado, Gill sabia que Barry estava ganhando experiência rapidamente e de fato estava mais perto do que ela do problema – e de suas possíveis soluções. Então, Barry começou a se sentir cada vez mais confiante, e a ser capaz de sugerir respostas às próprias perguntas. A partir daí, Gill de fato pôde passar a ratificar as ideias de Barry.

5.2

Desenvolva uma equipe equilibrada

O fato de os colegas trabalharem bem juntos enquanto equipe tem um enorme impacto na empresa ou organização: os membros se sentem envolvidos e realizados e as tarefas podem ser executadas com bastante entusiasmo.

Cada um de nós tem um estilo ou uma forma individual de trabalhar, e uma boa equipe equilibrará os vários estilos. Os estilos diferentes incluem colegas que são capazes de:

- **Oferecer uma visão.** Alguns oferecem muitas ideias e entusiasmo à equipe e são capazes de gerar uma visão.
- **Dar orientação.** Outros estabelecem a direção para alcançar um objetivo com eficácia.
- **Administrar estratégias.** Você pode ter colegas que são ótimos em dividir uma estratégia em tarefas organizadas e administráveis.
- **Administrar a logística.** Outros podem ser ótimos em organizar e gerenciar pessoas, processos e recursos de forma eficaz.

Estudo de caso: Quando Susana era gerente de atendimento ao cliente, ela percebeu que não poderia fazer todo o trabalho sozinha. Por isso, decidiu treinar Louise, que parecia ansiosa para aprender novas habilidades. Susana queria investir seu tempo e seus recursos em Louise, para que esta ficasse confiante e qualificada para assumir cada vez mais a função

"Unir-se é um começo. Manter-se junto é um progresso. Trabalhar junto é um sucesso."

Henry Ford, industrial

- **Motivar.** É bom ter alguém que possa motivar os colegas e mantê-los inspirados. Eles também podem identificar e desenvolver outros colegas para viabilizarem uma visão.
- **Trazer criatividade.** Especialmente os novos projetos precisam de ideias de alguém com boa imaginação.
- **Levar a cabo um projeto.** Toda equipe precisa de pessoas boas em concluir bem os projetos e dentro dos prazos.
- **Achar soluções.** Alguém capaz de conduzir a equipe ou o projeto em meio a uma crise.
- **Construir pontes.** É sempre importante conseguir pessoas com experiências e áreas de conhecimento diferentes para trabalhar em conjunto e confiar umas nas outras.

Quando os colegas trabalham em equipe, o tempo de todos é empregado de forma mais efetiva.

de Susana. Um dos pontos especialmente fortes de Louise era o fato de ser uma boa ouvinte. Ela também identificava as coisas que Susana havia esquecido. Elas formavam uma boa equipe e, com o passar do tempo, Susana foi transferida para outro departamento e Louise foi capaz de assumir a função da Susana com relativa facilidade.

5.3

Trabalhe junto em harmonia

Quando trabalhamos juntos como uma equipe, devemos esclarecer as funções e responsabilidades de cada um para que todos os membros dela saibam o que se espera de um ou de outro. Isso reduz o estresse e contribui para melhorar a comunicação.

Aprenda a ser positivo sobre as várias habilidades e ênfases dos diferentes membros da equipe. As atitudes são importantes. Ter respeito um pelo outro principalmente. Aqui estão algumas sugestões para um espírito de equipe:

- Comunique-se. Converse sobre seus objetivos em comum, transmita instruções claras e explique as suas ações, a fim de que os colegas possam enxergar o panorama da situação.
- Esclareça as funções. Seja claro sobre a autoridade que cada um tem.

Estudo de caso: Linda é uma facilitadora e excelente presidente de mesa. Quando a empresa em que trabalha decidiu introduzir uma nova e importante política, ela conduziu uma sessão criativa de uma hora com os 15 principais gerentes. Fixou folhas em branco nas paredes da sala de reunião, com os títulos das oito áreas que o conselho administrativo havia decidido mudar e dividiu os gerentes em cinco grupos de três pessoas. Cada grupo passou cinco

- Seja positivo sobre os colegas. Aproveite todas as oportunidades para ratificar um ao outro em vez de criticar. Seja o mais positivo que puder.
- Aprenda a escutar. Respeite cada membro da equipe e reconheça que eles têm necessidade de se expressar enquanto indivíduos.
- Discuta as diferenças. Quando os problemas surgirem, distinga os detalhes do incidente, as emoções envolvidas e as questões de identidade que foram levantadas. Algumas vezes, nossas suposições sobre as intenções dos outros podem estar erradas. Se você precisa confrontar um membro da equipe, faça-o reservadamente, não publicamente. Se puder, apresente as críticas como sugestões ou dúvidas.
- Fomente a confiança. Tente criar um ambiente em que os colegas confiam uns nos outros e possam conversar sobre suas necessidades de desenvolvimento.
- Valorize as opiniões diferentes. Especialmente sobre as questões pequenas.
- Não divida a culpa. Culpar é improdutivo. Ao contrário, identifique as questões reais e procure formas criativas para resolver os conflitos. Seja maduro. Se você tem sido responsável por uma tarefa que deu certo, não se vanglorie a respeito.
- Acredite na identidade da equipe. Lembre-se da sigla JTAM: Juntos Todos Alcançam Mais.

Ao trabalhar em conjunto como equipe, converse com os colegas o mais que puder sobre seus objetivos e metas em comum.

minutos em frente a cada folha escrevendo as atividades que julgavam importantes para serem discutidas. O restante da sessão foi utilizado para resumir e compilar os resultados. Todos acharam que o tempo foi bem empregado, com todos os colegas incluídos e envolvidos. E o trabalho em conjunto resultou em um progresso significativo na implantação do programa para a mudança.

5.4

Delegue de forma efetiva

Delegar é dar deveres, responsabilidades ou autoridade a alguém para que este possa agir em seu nome. Muitos gerentes relutam em delegar, mas é uma maneira importante de trabalhar com eficiência e empregar melhor o tempo de todos.

Alguns gerentes não delegam nada por acharem que são indispensáveis ou até por medo de que os colegas a quem delegarem trabalho possam desempenhar a tarefa melhor do que eles próprios, mas isso é ser muito limitado. Ao delegar tarefas, você estará desenvolvendo os colegas. Essa atitude pode muito bem aumentar a motivação e melhorar o moral deles, pois se sentirão mais valorizados. Quando delegar atividades, certifique-se de fazer o seguinte:

- Escolha a pessoa certa. Selecione o pessoal em que pode confiar para desempenhar bem a tarefa. Considere terceirizar ou passar as tarefas não essenciais para uma equipe diferente.
- Explique claramente a tarefa. Dê oportunidade para perguntas. Às vezes, você pode explicar os objetivos da sua tarefa e por que quer alcançá-los, e deixar a pessoa a quem está delegando a tarefa decidir o melhor método para desempenhá-la.
- Discuta possíveis dificuldades. Pense antecipadamente sobre todos os problemas que possam ser encontrados e em como eles deveriam ser abordados. Isso pode significar seu envolvimento em momentos-chave no projeto.

"A vida é muito curta para você mesmo fazer qualquer coisa que outra pessoa possa ser remunerada para fazer."

W. Somerset Maugham, escritor britânico

- Forneça recursos suficientes. Certifique-se de que a pessoa a quem você delegou as tarefas tenha tudo de que precisa para ser capaz de desempenhá-la bem.
- Supervisione o trabalho corretamente. Estabeleça mecanismos adequados para os funcionários se reportarem a você e para monitorar (não interferir!) as tarefas durante o andamento do trabalho.
- Avalie o trabalho. Depois de concluída a tarefa, faça uma avaliação para verificar como foi e o que poderá ser feito de forma diferente na próxima vez.

É bom delegar uma ampla gama de tarefas, não apenas as tarefas chatas ou difíceis ou as que ninguém quer fazer. Delegar deve ser empregar melhor seu tempo. Você pode delegar tarefas rotineiras, projetos inteiros ou partes separadas de um projeto, para que possa trabalhar de forma mais eficaz. Na verdade, diz-se muitas vezes que devemos fazer somente as tarefas que não podemos delegar. Portanto, você deve fazer apenas as tarefas que somente você pode fazer – que podem ser planejar, definir prioridades e administrar em geral.

Quando delegar, explique a tarefa claramente e dê oportunidade para que façam perguntas.

5.5

Aprenda a dizer "não"

Se você disser "sim" todas as vezes que alguém lhe pedir ajuda para uma tarefa, nunca aprenderá a administrar seu tempo corretamente. Parte da administração efetiva do tempo é permanecer no controle do trabalho que tem para fazer. Portanto, você precisa aprender a se impor e, algumas vezes, a dizer não.

Dizer não é difícil: podemos achar que, ao dizer não, ferimos os sentimentos das pessoas ou estragamos nossas oportunidades para o futuro. Mas, se não aprendermos a nos impor para dizer não algumas vezes, podemos ficar estressados facilmente assumindo compromissos demais e acabar não fazendo todas as tarefas da melhor maneira possível e de acordo com nossa capacidade. Aqui estão algumas sugestões de como se impor.

- **Seja claro sobre suas prioridades e seus objetivos.** Será que a tarefa sugerida se encaixa nas prioridades e nos objetivos que você estabeleceu para si mesmo? Se a resposta for sim, então a considere. Se ela não se encaixar, rejeite-a.

Estudo de caso: Bill ficou satisfeito por ter sido convidado a falar em uma conferência. Finalmente, ele estava sendo reconhecido! A única dificuldade era que a conferência estava agendada para o mesmo período em que a esposa dele estava para dar à luz o segundo filho deles. Então, Bill se viu diante de um dilema: falar na conferência e não estar com a esposa e a família ou estar com elas e perder uma

- **Reflita sobre os efeitos de assumir mais uma tarefa.** Você teria que atrasar a conclusão de outras tarefas? Qual seria o resultado para sua vida como um todo?
- **Aprenda a ser justo consigo mesmo, assim como com os outros.** Perceba que tem o direito de dizer não. Você não tem que aceitar tudo o que chegar a você e tem o direito de expressar seu ponto de vista.
- **Imponha-se de maneira firme e positiva.** Dê algumas sugestões para a outra pessoa. Não se desculpe. Aprenda a ser firme e direto; não agressivo ou tímido. Pratique fazendo afirmações como: "Adoraria participar disso nesta tarde, mas já tenho um compromisso", "Simpático de sua parte me perguntar, mas não posso ajudá-lo no momento" e "Preciso checar minha agenda – pergunte-me novamente mais tarde" (em vez de: "Falo com você sobre isso mais tarde", pois seria um fardo para você).

Se seu chefe lhe pedir para assumir outra tarefa, lembre-se de que você pode colocar a responsabilidade pela decisão nas costas dele dizendo: "Bem, no momento estou trabalhando nisto – o que você quer que eu faça?"

Você não tem que aceitar tudo o que aparecer em seu caminho.

boa oportunidade para falar na conferência? No final, ele escolheu ficar com a esposa e explicou as razões aos organizadores da conferência, que ficaram impressionados com a decisão dele em relação ao equilíbrio entre a vida pessoal e a profissional. Eles asseguraram que Bill seria convidado novamente para a próxima conferência alguns meses depois, o que fizeram.

5.6

Planeje reuniões melhores

Defina os objetivos de sua reunião. Você vai ter uma reunião apenas por que sempre fez uma? Está fazendo uma reunião para discutir outras reuniões? As finalidades das reuniões podem ser qualquer uma ou todas estas: informar, discutir e decidir.

- Informar. Instruir os participantes sobre os relatórios de progresso, por exemplo; comunicar informações, talvez sobre tendências ou novidades da indústria, ou apenas para motivar os colegas.
- Discutir. Negociar um contrato ou finalizar os acordos para um projeto ou nova iniciativa; para conversar sobre as várias opções de um assunto, como a rentabilidade de planos ou algum outro assunto financeiro; para resolver alguma área de conflito que surgiu.
- Decidir. Para tomar uma decisão sobre os próximos passos que a organização precisa dar, ou quais novos projetos devem ser assumidos, ou formular os pontos de ação a serem monitorados pelos colegas.

Minuto de reflexão: Calcule quanto suas reuniões custam. Dê uma olhada no Segredo 1.4 e calcule seu valor-hora com custos gerais indiretos. Se for R$ 50,00, por exemplo, multiplique o valor pelo número de colegas presentes em uma reunião e pelo número de horas que ela durar. Uma reunião com três horas de duração custaria R$ 900,00 à empresa em que trabalha – bem possível que seja muito mais do que imaginou!

"Reuniões são um sintoma de má organização. Quanto menos reuniões, melhor." **Peter F. Drucker, teórico de administração**

Prepare-se para uma reunião da seguinte forma:

- Elabore os aspectos práticos. Questões como participantes, hora de início e término e local.
- Prepare uma pauta específica. Elabore a agenda de forma clara. Não coloque simplesmente "exposição do próximo ano". Coloque "Exposição do próximo ano: objetivos, lições aprendidas no ano passado, soluções/ atitudes práticas".
- Organize a pauta. Coloque as partes mais importantes da pauta no início da reunião. Não se deixe levar e colocar os itens mais administrativos e menos importantes no início, você pode acabar se desviando se as pessoas levantarem detalhes e deixar menos tempo para as grandes questões.
- Planeje com antecedência. Trabalhe antecipadamente as possíveis objeções que possam surgir e poderiam impedir os objetivos de serem alcançados. Discuta os itens controversos antecipadamente com as principais pessoais envolvidas.
- Agende o comparecimento. Se determinadas pessoas precisam estar presentes somente para algumas partes específicas de uma reunião, organize isso com antecedência.
- Propicie a leitura do que for preciso antes da reunião. Elabore e entregue com antecedência relatórios resumidos (de uma página no máximo), para não perder um tempo precioso durante a reunião enquanto os colegas leem o relatório.

É fundamental que você saiba por que está organizando uma reunião.

5.7

Conduza reuniões mais produtivas

Mesmo uma reunião muito bem planejada pode não ser eficaz. Os colegas podem se atrasar ou não comparecerem: a discussão pode perder o foco ou não ser construtiva, a motivação pode ser baixa no geral. Como reverter situações como essas?

Um bom presidente conduzirá bem uma reunião. Ele envolverá os participantes com diplomacia e bom humor e não permitirá que somente alguns poucos colegas participem da discussão. Também resumirá o progresso ao reafirmar os pontos importantes, servirá de exemplo e saberá quando encerrar uma discussão, quando chamar alguém para tomar uma decisão ou seguir em frente para o próximo item da pauta. Um bom presidente também será claro a respeito dos pontos de ação.

Estudo de caso: Júlia foi chamada para resolver a péssima organização de um comitê. Ela percebeu imediatamente que os participantes não chegavam na hora marcada. Para resolver isso, ela começou uma reunião no horário estipulado, mesmo que tendo somente uma ou duas pessoas presentes. Os outros rapidamente entenderam a mensagem. Júlia também percebeu que não havia o hábito de circular as pautas com antecedência. Os participantes chegavam à reunião e pergun-

Em uma boa reunião, todos os colegas participam. Algumas reuniões são ruins porque uns ficam esperando que os outros digam alguma coisa. Acredito que todos os participantes têm papel importante a desempenhar. Aqui está uma lista de verificação dos pontos a serem lembrados quando participar de reuniões:

- Escute o ponto de vista manifestado pelos outros.
- Teça seus comentários de forma clara.
- Defina as funções e responsabilidades, conforme necessário.
- Esteja preparado para mudar de ideia.
- Seja positivo e mantenha a mente aberta.
- Elucide as questões que não ficaram claras para você.
- Enfrente os problemas, não a pessoa que os está expressando.
- Mantenha-se focado.

É importante que, em uma reunião, todos concordem sobre quem fará o acompanhamento das novas ações, quais ações aquela pessoa deve realizar e o prazo para serem concluídas. As ações devem seguir a sigla ARAMEAR (Segredo 4.1). Veja também o conselho sobre como tomar nota e elaborar atas (Segredo 6.7).

Certifique-se de que as suas reuniões sempre comecem e terminem na hora estabelecida.

tavam: "O que precisamos discutir?" Consequentemente, a discussão se perdia, sem qualquer foco claro. Júlia nomeou um presidente para resolver isso. Também percebeu que, no final da reunião, não eram reafirmados os pontos de ação acordados, então ela introduziu um procedimento claro de acompanhamento para que os pontos de ação pudessem ser avaliados no início da próxima reunião. Resultado: uma reunião do comitê tranquila.

Capítulo 6

Comunique-se de forma mais efetiva

Vivemos em uma era de comunicação instantânea e a forma mais utilizada para isso é o e-mail. Mas nem sempre ele é a melhor forma de comunicação. Algumas vezes, dar um telefonema ou conversar pessoalmente com um colega gera resultados muito mais eficazes. O segredo é saber por que está se comunicando. Apenas para verificar alguns fatos ou para construir um relacionamento? Neste capítulo, você precisará focar em como utiliza as várias ferramentas de comunicação e aprender a ser um comunicador mais eficaz.

6.1

Pense em como você se comunica

Hoje em dia, a maior parte das comunicações nos escritórios é feita por e-mail. Mas é importante considerar outras formas de comunicação: pessoalmente e pelo telefone.

Aqui estão algumas das vantagens e desvantagens de cada forma:

- **E-mail.** *Vantagens:* É rápido, oferece um registro permanente, funciona em qualquer fuso horário, pode ter dados anexados facilmente, pode se comunicar com muitas pessoas. *Desvantagens:* Não constrói relacionamentos tão bem como a comunicação mais direta. Também não é bom para lidar com questões delicadas.

- **Telefone.** *Vantagens:* É mais pessoal do que o e-mail, permite uma resposta imediata, é bom para desenvolver relacionamentos e permite que explique sua mensagem, se necessário. *Desvantagens:* Você não pode se comunicar facilmente com um grande grupo de pessoas e não pode ser usado durante o dia, dependendo do fuso horário.

- **Pessoalmente.** *Vantagens:* Esta forma é a melhor para dar más notícias ou discutir informações delicadas. Da mesma forma, quando

Estudo de Caso: Sandeep usa muito seu Blackberry. É o ideal para ele que viaja bastante e pode receber todos os e-mails e telefonemas em apenas um aparelho, além de facilitar o envio de mensagens para amigos e colegas. O único

precisa transmitir informações importantes e observar a resposta da pessoa. *Desvantagens:* Pode ficar caro em termos de tempo empregado.

Determinados tipos de comunicação devem ser tratados de certas maneiras:

- Ao providenciar uma data para uma reunião, telefone para uma ou duas pessoas, as quais você decididamente quer que estejam na reunião, para obter uma escolha de duas (ou três no máximo) possíveis datas. Em seguida, envie um e-mail para os outros a fim de verificar quem pode participar nessas datas.
- Ao contatar um novo cliente, telefone ou envie um e-mail para marcar uma reunião pessoal a fim de que você possa construir um bom relacionamento profissional.
- Se estiver solicitando a colegas que comentem uma minuta de proposta por e-mail, informe para quando você precisa do retorno deles.
- Para confirmar detalhes acordados em uma conversa telefônica, é preferível fazê-lo por e-mail, mas o melhor mesmo é redigir um contrato legal para as duas partes assinarem.
- Se precisar explicar o motivo do atraso de um projeto a seu chefe, o melhor é fazê-lo pessoalmente, em uma reunião.

O e-mail é eficiente, mas nem sempre é a melhor forma de se comunicar.

problema foi saber quando desligá-lo, já que o aparelho pode controlar a vida dele – e a da parceira dele também. Agora, Sandeep se disciplinou para desligá-lo quando desembarcar do trem, no final do dia, depois do trabalho.

6.2

Lide com e-mails

Nos últimos anos, o e-mail revolucionou a forma pela qual nos comunicamos em todo o mundo. É barato, bastante confiável e, acima de tudo, rápido. Mas como lidar com a caixa de entrada do e-mail?

Você irá se distrair de sua atual tarefa se ficar verificando os e-mails constantemente, então agende determinadas horas do dia para abri-los e respondê-los. Não ceda à pressão de respondê-los imediatamente.

Aqui estão 10 mandamentos para usar o e-mail:

1 Escreva a linha do assunto de forma clara: isso ajudará o leitor saber o que você está escrevendo e sua importância.

---

2 Inclua uma saudação e encerre. Não incluir uma saudação e/ou expressão de despedida passa uma ideia de hostilidade. Não existe uma etiqueta determinada: o estilo das saudações nos e-mails é mais informal do que em uma carta, mas escrever "Oi, Adam" para alguém com quem você não tratou antes é casual demais. Configure as suas assinaturas de e-mail com as frases que usa com frequência, como: "Agradeço sua atenção...", "Espero vê-lo em breve..." e "Aguardo seu contato...". Inclua informações de contato (telefone, endereço, etc.) em sua "assinatura".

---

3 Envie cópias somente para as pessoas que realmente precisam ler o e-mail: procure enviar cópias para o menor número possível de pessoas.

4 Determine qual é a resposta que deseja para o seu e-mail. Está clara? Você quer que as pessoas respondam ou não? Se a resposta for sim, até quando?

5 Em e-mails longos, dê especial atenção às informações que aparecem assim que a janela é aberta. O leitor as tomará como base para decidir se deseja ou não continuar lendo o e-mail.

6 Tenha o cuidado de usar o tom apropriado. Uma das desvantagens do e-mail é que as palavras podem parecer ríspidas. É preciso suavizar o tom para desenvolver um relacionamento com seu leitor.

7 Não seja descuidado: e-mail não é desculpa para erros gramaticais, de ortografia ou pontuação.

8 Tome cuidado com a apresentação. Escrever e-mail não significa que você pode redigir sentenças longas e incoerentes, sem fazer os parágrafos adequados. Pense claramente, redija um texto, volte a ele e revise-o. Para comunicações importantes, imprima o texto e leia-o (impresso), assim identificará os erros, se houver.

9 Não use abreviações desconhecidas, pois podem parecer jargão, ou seja, serem incompreensíveis.

10 Evite usar letras maiúsculas: elas indicam BERRO e devem ser evitadas sempre. O e-mail não é lugar para ser emotivo.

Aprenda a racionalizar o uso de e-mails.

6.3

Fale pelo telefone

Em vez de enviar um e-mail, eu prefiro usar o telefone para construir um relacionamento profissional com um colega em uma organização diferente. O tom da voz da pessoa é percebido em uma conversa telefônica e posso explicar qualquer coisa mais facilmente, se perceber que a outra pessoa não entendeu o que disse.

Mas lembre que dar um telefonema exige preparação. Faça uma lista dos pontos importantes que deseja discutir ou confirmar antes de telefonar para seu colega. Quando estiver encerrando a ligação, chegue a um acordo e resuma os pontos de ação, como quem irá fazer o que e até quando: "Então está bem para você me entregar os detalhes até o final da semana?"

Tome nota para arquivar os pontos-chave e, se julgar importante, confirmar por e-mail o que combinou pelo telefone. Sua anotação a ser arquivada poderia ser uma cópia impressa no arquivo do seu projeto, poderia ser feita eletronicamente em seu computador ou simplesmente ser anotada em sua agenda – algo como verificar no começo da próxima semana se os detalhes foram enviados e, se não foram, finalizar aquela tarefa.

Quando falo pelo telefone, algumas vezes pergunto: "Esta é uma hora conveniente para você falar?" Se não for, agendo a ligação para uma hora que seja conveniente para a outra pessoa. Eu já comecei telefonemas brincando: "Por favor, me perdoe esta forma ultrapassada de comunicação." Isso dá um pouco de leveza e também testa a conveniência da ligação, isto é, se a pessoa está em uma má hora ou se está ocupada.

Minuto de reflexão: Quando der um telefonema, esteja sempre preparado para deixar uma mensagem em uma secretária eletrônica. Fale mais devagar do que falaria normalmente. Diga seu nome e explique resumidamente o motivo do telefonema. Em seguida, deixe os detalhes de contato para que a outra pessoa possa retornar a ligação sem ter que procurar seu número de telefone. É surpreendente a frequência com que isso é esquecido.

Se sentir que não é uma boa hora, mantenha o controle da situação e se ofereça para telefonar novamente em uma hora mais conveniente.

Quando falar com um colega pelo telefone, transmita sua mensagem e ouça a resposta dele. Se detectar hesitação, ofereça-se para explicar o assunto de novo ou para esclarecer dúvidas.

Se está tomando providências pelo telefone, reduza a necessidade de fazer outras ligações dizendo algo como: "Vamos deixar marcado para nos encontrarmos às 15 horas, a menos que eu telefone para alterar alguma coisa." Isso significa que você teria que dar mais um telefonema somente se o compromisso fosse alterado, e não simplesmente para confirmá-lo.

Pontos importantes ao se comunicar pelo telefone:

- Prepare com antecedência os pontos ou perguntas que deseja fazer.
- Após o telefonema, tome nota dos pontos importantes abrangidos.
- Certifique-se de que foi tudo entendido com clareza durante a conversa e chegue a um acordo sobre as ações a serem tomadas, se necessário.
- Se estiver telefonando para marcar uma reunião, defina todas as providências em vez de precisar ligar novamente para confirmar o local, etc.

Prepare-se para dar um telefonema importante escrevendo antecipadamente os pontos importantes sobre os quais deseja conversar.

6.4

Faça melhor uso de seu computador

Seu computador é mais do que uma máquina de escrever. Ele contém ferramentas úteis para lhe poupar tempo. Aprenda quais são elas para empregar melhor seu tempo.

■ **Monitore as alterações.** Use o "Controlar Alterações" para retificar trabalhos. Assim, fica claro quem fez as correções.

■ **Crie modelos.** Faça isso para o trabalho que executa normalmente.

■ **Deixe os arquivos fáceis de serem encontrados.** Por exemplo, eu trabalho em alguns projetos para a editora Zondervan. Mas eu nomeio esses arquivos como "azondervan" para que fiquem alfabeticamente no topo do meu diretório de raiz, poupando-me tempo quando quero abri-los.

■ **Utilize software coordenado.** O Outlook ou software semelhante é capaz de coordenar seu e-mail, agenda, contatos, etc.

■ **Crie macros.** Macro é um grupo de comandos do computador que pode ser configurado para funcionar automaticamente com apenas um clique. Poupa tempo para as tarefas que se executa com frequência.

Estudo de caso: Acredito muito em "ferramentas de autocorreção" – uma facilidade que corrige automaticamente alguma palavra que você digitou erradamente: "sobbre" para "sobre", por exemplo. Eu as usei quando editei 9 milhões de palavras de um livro de consulta. Enquanto eu configurava um projeto, teria que digitar muitas vezes pala-

Minuto de reflexão: Nos computadores, a combinação shift F3 altera todas as letras em caixa alta para letras minúsculas ou letras iniciais maiúsculas: útil se você deixou a tecla "letra maiúscula" ativada por engano: iluminar as palavras e pressionar shift F3. O shift F7 lhe dará uma lista de sinônimos (dicionário) – esta é uma lista mais longa do que a disponível quando pressionamos o botão direito do mouse.

- **Faça um backup (cópia reserva) dos seus dados.** Certifique-se de fazer isso regularmente (se não for feito automaticamente por seu escritório). Teste o backup periodicamente e tente recuperar os dados para ter certeza de que seu sistema funciona.
- **Configure lembretes automáticos.** Configurar lembretes automáticos para todas as tarefas regulares, como revisões, pagamento de contas, lembrança de aniversários importantes, ajuda muito.

Se não sabe como funcionam esses poupadores de tempo, peça ajuda a um colega ou ao departamento de TI. Considere também investir em um novo software, desde que ele vá realmente lhe ajudar a trabalhar de forma mais eficaz.

Aprenda a usar seu computador por inteiro para poupar tempo e trabalhar de maneira mais eficiente.

vras comuns. Então, examinei uma lista das cem palavras mais comuns e desenvolvi formas reduzidas que seriam autocorrigidas. "Porque" era "pq", "teria" era "tr" e assim por diante. Calculo que, pelo simples fato de ter desenvolvido essas formas reduzidas, eu tenha poupado muitas semanas de digitação.

6.5

Aproveite a internet ao máximo

A internet revolucionou grande parte da vida das pessoas, tanto em termos profissionais quanto pessoais. No geral, o acesso a essa rede é amplamente disponibilizado e relativamente barato. A internet pode poupar tempo de várias formas, mas fique alerta, ela também pode ser instrumento para um grande desperdício de tempo.

Devido à velocidade de acesso a um vasto leque de dados, a internet oferece muitas maneiras de poupar tempo. Basta se assegurar de utilizá-la de uma forma benéfica para você e sua empresa. Aqui estão algumas maneiras de usar a internet para poupar tempo.

- **Realização de pesquisas.** Ela é fantástica para procurar informações sobre empresas ou organizações, verificar fatos via sites, como o da Wikipédia, e descobrir os horários de trens, ônibus ou aviões ao organizar viagens. Antes da chegada da internet, uma biblioteca era um dos principais lugares onde as informações poderiam ser encon-

Estudo de caso: Ao fazer networking, Karl sabe que a internet pode ser muito útil para conseguir informações básicas, mas ele também frequenta regularmente os eventos de networking da vida real, onde pode conhecer novos contatos profissionais pessoalmente. Ao verifi-

tradas. Mas ir até lá levava tempo, as horas em que estava aberta eram limitadas e encontrar as informações certas poderia significar a leitura de inúmeras publicações.

- **Compra de bens ou serviços.** Fazer compras on-line obviamente poupa tempo ou pelo menos pode economizar o tempo que de outra forma se gastaria caminhando com dificuldade pelas lojas. No entanto, ao decidirmos comprar on-line não devemos ficar "olhando as vitrines", esse não é o momento para dar uma "olhada". Saiba de antemão o que deseja comprar e utilize as facilidades de pesquisa e os fóruns do consumidor para achar o melhor produto, preço e serviço.
- **Obtenção de notícias atualizadas.** Para notícias mundiais, verificar os mercados financeiros ou se manter a par das mudanças das condições em sua esfera específica de negócios, a internet se tornou indispensável.
- **Comunicação e networking.** Assim como enviar e-mails para colegas e amigos (Segredo 6.2), a internet está sendo usada cada vez mais por sites de network profissional e social on-line, como o Facebook e o LinkedIn. Os sites relacionados ao trabalho podem ser úteis para desenvolver e manter os contatos profissionais. É uma maneira de descobrir quem está trabalhando onde e em quais projetos, além de se comunicar com outras pessoas sobre você e sua empresa.

A internet é um recurso maravilhoso, mas certifique-se de que não gasta mais tempo com ela do que o necessário.

car web sites e sites de relacionamento profissional com antecedência, ele descobre tudo o que pode sobre uma organização ou uma pessoa antes de conhecê-la de fato. Dessa forma, prepara-se para fazer perguntas inteligentes quando encontrá-la.

6.6

Ouça com atenção

A arte de ouvir os outros é muitas vezes negligenciada enquanto habilidade de comunicação. No entanto, ela é de vital importância para tornar o uso do tempo mais eficaz e para ajudar a reduzir mal-entendidos.

O que pretendo dizer com ouvir bem?

1 Respeite cada um dos membros da equipe e reconheça que eles têm necessidade de se expressar enquanto indivíduos.

---

2 Concentre-se na outra pessoa. Olhe para ela. Muitas vezes, durante as conversas, enquanto a outra pessoa está falando, nós estamos pensando no que responder a elas, em vez de ouvi-las de verdade. Ouvir bem fortalece os relacionamentos.

---

3 Ouça as palavras que as outras pessoas dizem, naturalmente, mas vá além: repare no tom da voz dela, nas expressões e pausas. Tenha consciência dos sentimentos dela e repare também no que não foi dito.

---

4 Entenda as outras pessoas. Mas só podemos fazer isso de forma eficaz se tivermos confiança em nós mesmos, em vez de, por exemplo, pensar no que as pessoas estão pensando de nós.

"Uma velha e sábia coruja vivia em um carvalho. Quanto mais ela observava, menos ela falava. Quanto menos ela falava, mais ouvia. Por que não podemos ser como aquele velho e sábio pássaro?" **Jogo de palavras infantil**

5 Respeite a privacidade das pessoas e não procure saber mais sobre um assunto do que a pessoa se dispuser a divulgar.

6 Ouça as dicas que as pessoas dão quando querem se expressar mais, então responda de acordo – talvez com um breve "mmm", que expressa permissão para a outra pessoa falar mais, ou perguntinhas curtas para levá-la a continuar. Uma vez, um conhecido me disse: "Tenho estado muito infeliz desde que a minha esposa morreu." Gentilmente, respondi: "Quando foi isso?" Ele disse que havia sido há doze anos e em seguida falou sobre ela por bastante tempo. Eu estava ciente do desejo dele de falar e respondi à sua deixa.

7 Repita o que acabou de ouvir – isto é, resuma, em poucas palavras, o que a pessoa estava lhe dizendo. Isso mostra que você realmente está ouvindo e tentando entender. Ela logo vai corrigi-lo se você não tiver entendido bem.

Ouvir bem fortalece os relacionamentos e reduz a probabilidade de desperdiçar tempo com mal-entendidos.

6.7

Faça boas anotações

Você faz anotações para registrar os principais pontos de um texto, de uma apresentação, das decisões tomadas em uma reunião ou durante uma conversa telefônica para que eles sejam registrados de forma precisa e você possa retomá-los mais tarde.

Há três maneiras de tomar notas:

- **Faça uma lista organizada de forma lógica abaixo dos cabeçalhos.** Enumere os diferentes pontos. Anote as principais palavras. Escreva em frases, não sentenças. Crie suas abreviações e use-as. Venho seguindo esse método por muitos anos e sempre reproduzo minhas anotações mais tarde. Toma tempo, mas tem me ajudado muito. Descobri que, no processo de fazer uma reprodução mais organizada das anotações rascunhadas, tenho a oportunidade de "digerir" o que escrevi antes.

- **Grife ou destaque frases em um texto.** Faça-o no livro que estiver lendo ou em uma fotocópia dele. Marque as principais fra-

Estudo de caso: Parte do trabalho de Annie era fazer as atas das reuniões. A presidente da comissão, Sandra, gostava de expressar claramente as decisões acordadas pela comissão, por isso Annie sabia que tinha que registrá-las com precisão. Durante as reuniões, Annie tomava notas das decisões, mais tarde digitava-as ordenadamente e as passava para Sandra

ses, escreva perguntas na margem e use linhas onduladas para indicar pontos dos quais você discorda.

- **Faça um diagrama-padrão do que você entendeu.** Ao ler um texto ou comparecer a uma reunião, faça um diagrama de palavra (Segredo 1.2) de acordo com o sentido que você entendeu dos pontos discutidos.

Qualquer que seja o método que você adote, seu principal objetivo é registrar os pontos importantes (não tudo) do que está lendo ou ouvindo. Se você está fazendo a ata de uma reunião, precisa registrar quem vai se responsabilizar por uma ação específica e quando ela deverá ser concluída (Segredo 4.1, estabelecimento de metas ARAME). Se você está citando as palavras exatas, então se certifique de registrá-las com precisão e com a fonte correta. Algumas vezes eu também coloco alguns pensamentos meus entre parênteses.

Formule perguntas em sua mente ao ouvir ou ler:

- O que o autor está dizendo?
- Sobre o que é isto realmente?
- Por que isto é importante?

Tomar notas é uma chave poderosa para a compreensão.

para aprovação final antes de distribuí-las. Annie sentiu dificuldade em registrar as anotações de um desentendimento, mas resolveu a questão com esta frase: "Houve algum desacordo sobre esta visão e os seguintes comentários foram feitos", em seguida listou objetivamente os comentários por itens. Annie foi elogiada pela clareza de suas atas.

6.8

Leia mais rapidamente

Ler faz parte do processo de comunicação: você quer absorver o material escrito da forma mais eficiente e eficaz possível. É importante decidir por que está lendo algo – só quer determinadas informações específicas de um web site, artigo ou livro? Terá que responder a perguntas sobre o que está lendo? Terá que escrever a respeito?

Depois de decidir por que está lendo um texto, pense sobre quanto tempo quer reservar para a leitura. Você tem apenas alguns minutos e precisa localizar um ponto específico, à procura de detalhes, ou quer ler uma obra em busca de pontos mais amplos de discussão?

- **Procurar um detalhe específico.** Primeiro verifique se o texto tem algum sumário ou índice que possa ser usado para localizar o que está procurando. Se for um relatório, verifique se ele tem um sumário executivo (um resumo global do relatório todo) ou conclusões. Além disso, preste especial atenção ao princípio e ao fim dos capítulos, e, dentro disso, às seções e parágrafos. Se o texto for bem escrito, você deve ser capaz de saber o assunto do parágrafo a partir de sua primeira frase.

- **Aprender a arte de ler passando os olhos.** Se quer entender um texto em termos de seus pontos mais amplos de discussão, mas não tem tempo, tenha em mente que você não tem que ler cada palavra. Em vez disso, foque seus olhos em grupos de palavras, e especialmente nas principais palavras do conteúdo (substantivos e verbos), em vez de se concentrar em palavras que indicam relações gramaticais, como

"Ler é para a mente o mesmo que o exercício é para o corpo."

Joseph Addison, ensaísta inglês do século 18

"um/uma", "o/a", "de" e "para". Não pare e procure cada uma das palavras que não conhece no dicionário. Faça isso somente com as palavras que parecem ser importantes.

■ **Absorva os argumentos.** Se terá que responder a perguntas ou escrever a respeito do que leu, tome notas sobre o texto. Isso o ajudará a absorver o texto e torná-lo parte do seu raciocínio. Esse processo pode incluir parafrasear (reescrever o que leu com palavras próprias) o que o autor está dizendo ou citar de fato as palavras dele. Se você fizer o último, certifique-se de anotar o número da página, do web site, etc. com precisão.

Depois de terminar a leitura, pense sobre o que o texto expressou. Faça as perguntas a seguir a si mesmo sobre o significado:

- Você concordou com o texto? Se não, por quê?
- Você teria se expressado de outra forma? Em caso afirmativo, de que forma?

Não pense que você tem que ler cada palavra de um documento. Aprenda técnicas que o ajudam a compreender o significado como um todo.

6.9

Pense no que está escrevendo

E-mails e outras formas de comunicações escritas geralmente são confusos e pouco claros. Isso significa que a pessoa que os lê deve gastar um tempo extra tentando descobrir o que se tentou dizer. Para fazer melhor uso do tempo do leitor, pense cuidadosamente sobre o que quer comunicar.

Aqui estão alguns pontos sobre os quais refletir quando você for escrever um e-mail, uma carta ou um relatório. Eles estão agrupados na sigla **PIR**:

- **P = Público.** Pense em para quem está escrevendo. Qual é o conhecimento desse leitor sobre o assunto? Dependendo de seu público, você usará estilos diferentes. Por exemplo, a forma com que escreve para seu chefe ou diretor-presidente será diferente da que utilizará para seu colega vizinho de mesa.

Minuto de reflexão: Retome um relatório redigido por você. Imprima-o e leia-o todinho. Suas mensagens principais estão bem claras? Qual é a resposta que almeja dos leitores? Ela está redigida de forma clara? Revise-o até que esteja 100% satisfeito com ele.

"A hora para começar a redigir um artigo é quando você o termina e fica satisfeito. Nessa hora, começa-se a perceber de forma clara e lógica o que realmente se quer transmitir."

Mark Twain, autor norte-americano

- **I = Intenção.** Pergunte a si mesmo qual é a mensagem que pretende comunicar. Pense cuidadosamente sobre a parte central do que deseja dizer. Quais são as principais mensagens? Você precisa explicar o histórico ou dar algum contexto antes de expressar o que realmente quer? Use parágrafos-padrão para as partes de um texto que redige com frequência ou copie e cole de outros documentos, mas sempre as use como base para o documento que está compondo. Verifique se o texto se aplica a esse documento que está redigindo.

- **R = Resposta.** Qual resposta você espera para sua comunicação? O que pretende que seu leitor faça com sua mensagem? Em um de meus cursos de redação, a resposta que um colega queria estava escondida entre parênteses quase no final de uma frase com 79 palavras. Se a resposta que deseja de seus leitores não estiver clara para você, então ela certamente não ficará clara para eles.

Todas as vezes que você estiver para redigir um documento, pense em PIR.

6.10

Escreva de forma mais clara

Se você escrever de forma clara, fará o melhor uso do tempo do leitor. Ele não precisará ler seu e-mail ou relatório diversas vezes para entender o que está dizendo. Por isso, escrever de maneira clara é uma habilidade importante a se desenvolver.

Aqui está a **CIA** da nitidez em suas comunicações:

- **C = Clareza.** Para fazer o melhor uso do tempo de seu leitor, seu objetivo deve ser escrever de forma que ele entenda imediatamente o que está tentando comunicar na primeira vez em que ler o texto. Com muita frequência, um escritor passa seus pensamentos para o papel sem qualquer ordem específica, criando obstáculos que, falando de modo figurado, o leitor deve ignorar e pular para tentar entender um documento. Expressar-se de forma clara é, em grande, parte o resultado do pensamento claro e da montagem do texto de maneira lógica e ordenada.

- **I = Informação.** Algumas pessoas tendem a divagar e expressar o mesmo pensamento de formas diferentes ao longo do texto. Outras são muito concisas, simplesmente escrevem 15 palavras e depois se perguntam por que o mundo não mudou. A todas essas pessoas, digo: "Pergunte a si mesmo: Quem? Por quê? Onde? O quê? e Como?" Aquelas que tendem a divagar verão que a disciplina em responder a

"Eu não tive tempo para escrever uma carta curta, por isso escrevi uma longa."

Mark Twain, autor norte-americano

essas perguntas será muito útil na fase de edição. Depois de rascunhar um texto, volte ao começo e responda a cada uma dessas perguntas. Você pode muito bem achar que respondeu a todas elas em vários pontos ao longo de seu texto. Corte e cole as seções importantes e edite-as para apresentar um argumento mais organizado. As pessoas que são muito sucintas verão que, ao responder a essas perguntas, expandirão seus argumentos, dando-lhes maior profundidade.

■ **A = Acurado.** Verifique seus fatos e faça-os novamente. Todos nós já fomos convidados para reuniões no dia 1º de dezembro, quarta-feira, quando na verdade o dia 1º de dezembro seria quinta-feira. Será que o escritor queria dizer dia 30 de novembro, quarta-feira, ou 1º de dezembro, quinta-feira? Assim, muito tempo é desperdiçado com e-mails indo e voltando simplesmente porque quem o escreveu não se preocupou em dar uma olhada no calendário. Seja o mais preciso e claro possível. Utilize a gramática, a pontuação e a ortografia corretas. Se tiver dúvida, verifique, qualquer item, em vez de confiar apenas no corretor ortográfico do computador. Ele não identificará o uso equivocado de uma palavra, como "avaria" e "avara" ou digitar "apara" em vez de "para".

Empregue tempo para deixar seus documentos o mais claro que puder, para que eles façam melhor uso do tempo do leitor.

Capítulo 7

Assuma o controle de seu tempo

Existe uma gama de técnicas diferentes para ajudá-lo a administrar suas horas de trabalho de forma mais eficaz. Elas incluem criar blocos de tempo em sua agenda para finalizar uma tarefa para você ganhar impulso em seu trabalho, realizar mais planejamento para reduzir problemas futuros, ficar concentrado e focado, colocar planos em funcionamento para ajudá-lo a minimizar interrupções e fazer bom uso de qualquer tempo de folga que surja inesperadamente.

7.1

Crie blocos de tempo

Pode ser muito útil criar blocos de tempo quando estiver executando tarefas diferentes. Isso é especialmente conveniente para o principal trabalho que você precisa fazer, mas também o é para tarefas mais rotineiras.

Por exemplo, suponha que às terças-feiras você precise compilar um relatório referente às vendas da semana anterior. Em todas as segundas-feiras você pode reservar um tempo para falar com colegas no Departamento de Vendas e se assegurar de que os números disponibilizados em seu sistema sejam precisos. Então, às terças-feiras, reserve um bloco de tempo para realmente redigir seu relatório. Essas são as tarefas prioritárias das segundas e terças-feiras das quais você não pode desviar a atenção.

Reservar um horário em sua agenda para essas tarefas evita trabalhar nelas apenas quando tiver com vontade.

Aqui estão mais dicas para administrar seu tempo durante os períodos de trabalho concentrado:

Minuto de reflexão: Pense em reservar tempo em sua agenda para dar telefonemas, tendo em conta o melhor momento para entrar em contato com as pessoas. Pode ser um uso mais eficiente de tempo do que uma abordagem *ad hoc*.

"O trabalho se expande de forma a preencher o tempo disponível para sua conclusão."

Lei de Parkinson, escrito por C. Northcote Parkinson, Londres, 1955

■ **Desconecte-se.** Se puder, desligue o celular, feche seu aplicativo de e-mail e configure a secretária eletrônica para atender ao telefone (sem som). Se realmente precisa se concentrar, veja se consegue ir a um espaço de escritório diferente, onde ninguém irá perturbá-lo.

■ **Aprenda a limitar o tempo.** Estabeleça um limite de, digamos, 30 minutos e vá aumentando-o para saber se pode fazer o trabalho em, digamos, 40 minutos: Você pode se surpreender ao ver que de fato pode fazer em menos tempo. Isso funciona de outra maneira também: uma reunião programada para durar 90 minutos tenderá a durar esse tempo, conforme a citação acima. Veja se consegue encurtá-la em 10 ou mesmo 15 minutos.

■ **Dê um tempo a si mesmo.** Após 50 minutos de trabalho concentrado, faça uma pausa de 10 minutos: isso permitirá à sua mente processar e digerir seus pensamentos, e você se verá resolvendo alguns dos problemas levantados durante seu período de trabalho concentrado.

O trabalho em blocos de tempo cria uma dinâmica própria que lhe permite trabalhar com mais eficiência.

7.2

Mantenha-se focado

Tenha como objetivo dar total atenção à tarefa que está fazendo no momento, de forma a finalizá-la bem. Mantenha-se focado e concentrado em alcançar um objetivo e atingir determinado resultado.

Isso pode significar que, em vez de dizer a si mesmo que irá trabalhar por duas horas em um relatório antes de ir para casa, você dirá: "Eu finalizarei a redação das duas primeiras seções do relatório." Aqui estão mais algumas regras básicas para manter o foco em seu tempo.

- **Dê prazos realistas a si mesmo.** Se não se der um prazo final, você se arrisca a desperdiçar seu tempo. Então seja firme consigo mesmo e desafie-se um pouco, mas não seja irrealista ou superexigente. Quando definir um prazo final, aprenda com a experiência anterior. Por exemplo, eu mantenho um arquivo chamado "Análise de Projeto". Ao término de cada projeto, comparo meus custos e tempo realmente gastos com esses custos e tempo que pensei ser necessário no início. Eu

Estudo de caso: A comissão do Clube percebeu que estavam trabalhando de forma ineficiente por isso, quando Ed assumiu a presidência, decidiu fazer algumas mudanças. Os membros da comissão costumavam conversar sobre assuntos importantes, como finanças e futuras políticas, mas esse tempo era desperdiçado porque eles nunca davam continuidade aos assuntos até

uso isso quando examino futuros projetos semelhantes para estimar os recursos necessários.

- **Aprenda a lidar com interrupções de forma eficaz.** Se você for interrompido em seu trabalho, tente finalizar o aspecto imediato do trabalho (como uma coluna de números importantes, por exemplo). Algumas vezes, digo a quem me interrompe: "Você se importa se eu terminar de escrever esta frase?" Antes de sair para almoçar ou no final do dia, faça uma anotação curta sobre onde parou e qualquer pensamento que tenha sobre o próximo passo. Isso o ajudará a retomar o trabalho do ponto em que estava antes do intervalo.

- **Controle suas comunicações.** Se você se comunica frequentemente com um colega, faça uma lista dos itens que precisa discutir ou vá acrescentando-os em um e-mail rascunho, em vez de enviar uma série de e-mails ou dar vários telefonemas, que é um uso ineficiente do tempo. Tente ser mais estruturado em seus métodos, digamos, organizando-se para falar ao telefone em determinada hora de determinado dia da semana.

Evite distrações e mantenha o foco em obter resultados para alcançar mais.

o final e nunca chegavam a uma conclusão. Ed pediu para um membro da comissão preparar um documento sobre a futura política a ser discutida antes da próxima reunião. O documento listou opções para a futura direção do clube, com ações firmes a serem tomadas. Ao preparar o terreno com antecedência, as reuniões da comissão se tornaram muito mais focadas e produtivas.

7.3

Mantenha sua papelada sob controle

Se você fica lidando com pedaços de papel sem tomar uma decisão definitiva quanto ao que fazer com eles, está desperdiçando tempo. Na medida do possível, certifique-se de lidar apenas uma vez com algum pedaço de papel que aparecer em sua mesa.

Então, quando pegar um documento, habitue-se a lidar com ele de uma das seguintes formas:

- **Jogue o lixo.** Jogue o spam fora e os papéis com os quais já lidou e não precisa mais. Resista à tentação de arquivar muitos deles. Recicle os papéis não confidenciais, mas destrua os documentos confidenciais, como faturas e documentos legais ou fiscais.

- **Lide com eles.** Isso pode significar lê-los ou respondê-los – uma forma é responder à mão no próprio documento e retorná-lo ao remetente. Se o documento é importante, então você pode fazer uma ano-

Estudo de caso: Jack costumava reclamar sobre o volume de correspondência com o qual tinha que lidar, mas, na verdade, estava usando esse processo como uma distração do trabalho. Mostrei isso a ele e ele ficou mais disciplinado com a correspondência. Agora, todos os dias quando chega ao escritório, Jack coloca metade dos papéis – especialmente os

Minuto de reflexão: Dê uma olhada em sua mesa. Quantos pedaços de papel estão lá e têm estado lá há mais de um dia? Há algum motivo para tê-los imediatamente à mão? Se não, eles deveriam ser arquivados, resolvidos ou jogados fora.

tação em sua lista de ações para voltar a ele em uma hora mais conveniente – hora reservada especialmente para essa tarefa. Ou o papel pode lembrá-lo para dar um telefonema ou enviar um e-mail para um colega – em caso afirmativo, insira os detalhes em sua lista de ações e mantenha o pedaço de papel importante ao alcance das mãos.

- **Arquive-o.** Guarde os documentos importantes, mas resista ao hábito de arquivar documentos apenas para o caso de precisar deles. Guarde somente os documentos dos quais tem certeza que irá precisar (como faturas, contratos ou informações fiscais). Inspecione seus arquivos regularmente, jogando fora papéis de que não precisa mais. Não se pergunte: "Será que seria bom guardar isso?", mas: "Eu preciso guardar isso?"

Na medida do possível, certifique-se de lidar apenas uma vez com um pedaço de papel que aparecer em sua mesa.

folhetos de marketing e propaganda – direto para reciclar ou na cesta de lixo. Ele separa uma pequena porção da correspondência para ler mais tarde na hora que reservou em sua agenda e responde imediatamente às pequenas solicitações administrativas que entram. Dessa forma, mantém o controle da papelada dele.

7.4

Use bem o tempo de folga

Todos nós temos períodos de folga de vez em quando. Eles podem ser de poucos minutos e poucas horas até vários dias, mas, não importa quão curto ele seja, o segredo é aprender a usar esses períodos de modo eficaz.

O primeiro ponto é se antecipar e se preparar para os períodos de folga. Eles podem surgir quando estiver do lado de fora do escritório de um colega aguardando ser atendido; chegar cedo a uma reunião; estiver em um trem que atrasou; quando seu computador ou impressora estiver funcionando muito devagar ou você estiver esperando que seu telefonema seja atendido pela pessoa certa. Se estiver pensando à frente, estará pronto para tirar o máximo proveito desses momentos.

Aqui estão algumas maneiras para aproveitar ao extremo esses momentos:

- **Faça telefonemas rotineiros.** Para contatar seus colegas, saber o progresso de um projeto, certificar-se de que alguém está executando uma tarefa ou verificando os pagamentos.
- **Coloque sua correspondência em dia respondendo seus e-mails.** Se estiver em movimento ou fora do escritório, precisará de um laptop ou um dispositivo, como o Backberry ou iPhone, para isso.
- **Leia um relatório.** Mas certifique-se de que ele não seja confidencial. Uma vez eu estava em um trem e sentado ao lado de um homem

que trabalhava em um relatório policial. Quando perguntei a ele como era a vida de um policial, ele me perguntou com sinceridade como sabia que ele era membro da polícia. Eu apenas apontei: "É o que diz em seu 'relatório policial'"!

- **Organize papéis ou armazene seus arquivos.** Um bom uso do tempo se você estiver no escritório, embora também possa limpar arquivos em seu laptop.
- **Verifique as anotações.** Leia os apontamentos de reuniões, conversas, entre outros. Você também pode organizá-las ou escrevê-las.
- **Leia um jornal ou livro de negócios.** Você está quase sempre muito ocupado para ler o quanto gostaria, por isso um período de folga é perfeito para atualizar a leitura relacionada ao trabalho.
- **Leia uma revista ou livro não relacionado ao trabalho.** Por outro lado, ler algo não relacionado ao trabalho pode liberar a mente e, possivelmente, ajudar seu raciocínio lateral.
- **Solucione um problema.** Isso pode ser uma dificuldade no trabalho ou algo inteiramente abstrato, como palavras cruzadas ou sudoku.
- **Vá caminhar.** Qualquer forma de exercício seria bom uso do tempo, mas caminhar é especialmente bom para ajudar as pessoas a pensarem.
- **Apague mensagens antigas em seu celular.** Está certo, não é muito divertido, mas precisa ser feito e esta poderia ser a melhor hora para fazer isso.

A lição principal é supor atrasos e momentos de folga e se preparar para eles. Costumo viajar de trem para ministrar cursos e sempre levo trabalho para fazer por duas horas além do meu tempo de viagem, em caso de atraso. Sempre carrego uma caneta e papel comigo.

Esteja sempre preparado para fazer bom uso dos períodos de folga que surgem inesperadamente em seu caminho.

7.5

Lide com interrupções

Todos sofrem interrupções no trabalho que nos atrasam ou distraem da tarefa em mãos. Precisamos aprender a lidar com elas para minimizar seus efeitos.

Aqui estão algumas orientações para ajudá-lo a lidar melhor com interrupções em seu dia de trabalho:

- **Não se distraia.** Seja disciplinado e exercite o autocontrole. Por exemplo, não verifique seus e-mails a toda hora ou dê telefonemas tão logo a ideia lhe venha à sua mente. Se fizer isso, sua produtividade vai diminuir. Agende horas determinadas do dia para essas tarefas de rotina.
- **Seja proativo.** Se alguém lhe enviar um e-mail perguntando quando poderá conversar com você pelo telefone, assuma o controle e diga-lhe a melhor hora, dando um horário limitado: "Estarei livre entre 16h20 e 16h30 hoje."

Estudo de caso: Peter aprendeu a não convidar seus amigos para se sentarem à mesa dele, para não estenderem a conversa. Ele sabe que é melhor agendar uma hora para encontrá-los mais tarde: "Joe, vamos colocar a conversa em dia na hora do almoço. Que tal?" Os gerentes no escritório onde Peter trabalhava providenciaram um mobiliário para o escritório que não convida a pessoa a se sentar e conversar.

- **Seja claro com instruções.** Quando der instruções a um colega a quem delegou trabalho, dê-as claramente, para ele não precisar pedir orientação constantemente. E, quando alguém vier lhe pedir ajuda, pergunte como ele solucionaria o problema – isso lhe poupará tempo mais tarde, pois a pessoa terá aprendido e estará confiante para resolver os problemas por si.
- **Delegue para colegas de confiança.** Dê responsabilidade e autoridade para os colegas em que mais confia e aceite que o estilo de trabalho deles possa ser diferente do seu. Não interfira, a menos que precise fazê-lo.
- **Assuma o controle.** Experimente lidar com uma interrupção por vez, agendando-a na hora que melhor lhe convier: "Vamos conversar sobre isso às 16 horas." Se isso não for possível, diga à pessoa que você tem cinco minutos agora (responda com um período de tempo relativamente curto). Termine sua tarefa imediata, como escrever uma frase ou acrescentar uma coluna de números, para minimizar o efeito da interrupção.
- **Seja assertivo: aprenda a dizer não algumas vezes.** Em algumas ocasiões, "não" é a única resposta razoável se você tiver que realmente exercer seu papel.

Tanto quanto possível, seja proativo na organização de seu ambiente de trabalho a fim de minimizar interrupções.

Quando ele tem um trabalho que exige intensa concentração, faz uma triagem das ligações recebidas, desliga os telefones e diz aos colegas que não pode ser interrompido por um período de tempo. Algumas vezes, ele acha um canto sossegado no escritório para terminar um relatório e, ocasionalmente, trabalha em casa para restringir ao máximo as possíveis interrupções.

7.6

Combata o cansaço

Por mais que você tenha aprendido a administrar seu tempo, há ocasiões em que a carga de trabalho exige mais de nós e temos que nos dedicar ainda mais, por mais um pouco de tempo. Quando temos que cumprir um prazo apertado, por exemplo, ou lidar com um evento inesperado, como a doença de um colega de trabalho. Nessas horas, talvez precisemos trabalhar longas horas e manter nosso foco, apesar dos efeitos do cansaço.

Então, como combater a fatiga quando se tem exigências conflitantes de tempo, suas pálpebras estão começando a fechar e sua mente está começando a vagar? Aqui estão alguns indicadores para contornar os períodos de trabalho intenso e os efeitos do cansaço. Mas fique avisado: estas medidas servem para lidar com a fadiga temporária e não devem ser aplicadas por períodos prolongados, pois poderiam acarretar sérias consequências para a saúde.

- **Não exagere na cafeína.** Quando estamos cansados e ainda precisamos trabalhar, uma das primeiras coisas que fazemos é tomar um café ou chá forte. Esse é um paliativo temporário e exagerar pode causar nervosismo.
- **Beba água.** A desidratação contribuirá para a fadiga, por isso beba água regularmente durante o dia.
- **Faça intervalos.** Mesmo quando estamos muito ocupados, nossas mentes e nossos corpos precisam de uma trégua. Lembre-se, você trabalhará com mais eficiência após um intervalo, então não se sinta

"Mais homens são mortos por excesso de trabalho do que justifica a importância do mundo." **Rudyard Kipling, autor inglês**

culpado por se dar um tempo. Caminhe, corra ou coloque os pés para cima e feche os olhos cerca de 20 minutos. Ouça o que seu corpo pede.

- **Relaxe antes de dormir.** Uma condição de trabalho intenso pode afetar desfavoravelmente nosso sono – podemos ir para a cama exaustos, mas, incapazes de pegar no sono, nossas mentes continuam frenéticas. O que se precisa fazer é relaxar profundamente por 30 minutos antes de ir para a cama. Mas não assistindo à TV ou lendo, apenas controlando e acalmando a mente e o corpo.
- **Continue se exercitando.** Às vezes, sentimos como se não houvesse tempo suficiente para nos exercitarmos quando estamos ocupados, mas essa é exatamente a hora em que ele será mais benéfico. Uma sessão vigorosa de exercícios ocupará sua mente com outra coisa e alongará seus músculos retesados.
- **Utilize com sabedoria sua hora mais produtiva.** Se você seguiu o Segredo 1.3, saberá qual é sua melhor hora do dia para trabalhar. Tente usar esse período para as tarefas mais desafiadoras. Adote listas. Conforme mencionado ao longo deste livro, é importante dividir o trabalho em tarefas administráveis. Utilizando listas para isso, poderá ticar as tarefas concluídas e ter a sensação de progresso e realização.
- **Compartilhe a carga de trabalho.** Uma carga pesada fica sempre mais fácil quando ela é compartilhada, então delegue até mesmo as tarefas menores sempre que puder. Isso ajudará a dar um sentido de equipe – um sentimento de cooperação –, o que é ótimo para o moral. E mantenha-se em estreito contato com colegas para compartilhar suas aflições, em vez de acumular tudo e internalizar o estresse.

Pratique exercícios físicos regularmente, faça intervalos e beba muita água para combater a fadiga.

7.7

Coloque tudo em prática

O objetivo deste livro não foi apenas ajudá-lo a trabalhar com mais eficiência, mas também de forma eficaz.

Por isso, aqui estão algumas palavras finais de incentivo para ajudá-lo a tirar o máximo proveito do seu tempo:

- **Estabeleça prioridades.** Imponha determinadas prioridades em sua vida e desenvolva planos derivados delas. Separe o planejamento da execução.
- **Vença as tarefas grandes e complicadas.** Divida as grandes tarefas em partes menores e mais administráveis. Trabalhe uma por vez e faça seu melhor.
- **Seja organizado.** Use compactações e arquivos classificatórios (eletrônicos ou impressos) de forma eficaz, etiquetando e ordenando-os. Constitua sistemas para as tarefas rotineiras e faça as coisas simples, como colocar os objetos de volta aos seus lugares quando não precisar mais deles. Não crie um ambiente atravancado.

Estudo de caso: O chefe do Jim o incumbiu de um novo projeto. No início, Jim pensou ser relativamente simples, mas, após a segunda reunião com o chefe, percebeu que não seria tão simples como havia imaginado. Assim, decidiu escrever um diagrama-padrão de todos os principais aspectos do projeto e começou a organizar um cronograma, planejando as várias etapas e fazendo uma lista do trabalho que poderia

Minuto de reflexão: O que você faria agora de forma diferente após ter lido este livro?

- **Trabalhe durante suas melhores horas.** Conheça as horas do dia em que você melhor desenvolve seu trabalho e tente reservá-las para concluir tarefas que exigem mais concentração e raciocínio.
- **Desenvolva um modelo de trabalho eficaz.** Trabalhe concentradamente por determinados períodos e certifique-se de fazer intervalos regulares. Lide com as tarefas urgentes e importantes tanto quanto possível.
- **Use suas horinhas de folga.** Tenha tarefas "na manga" para trabalhar em momentos inesperados.
- **Delegue o que puder.** Passe instruções de forma clara quando o fizer.
- **Esteja claro quanto à sua função.** Esclareça a sua função com seu chefe e descubra qual a expectativa que ele tem de você.
- **Comunique-se de forma satisfatória.** Faça bom uso das reuniões e utilize o e–mail e os telefonemas de forma controlada.
- **Aprenda a dizer "não".** Faça isso para não se sobrecarregar.
- **Alivie o estresse.** Desenvolva meios que funcionem para você reduzir o estresse. Controle o trabalho a fim de liberar tempo para se exercitar e relaxar.

Administrar bem seu tempo, em última análise, significa administrar bem sua vida.

delegar aos colegas de outros departamentos ou terceirizar. Inseriu as possíveis datas das reuniões com os vários colegas envolvidos nas principais etapas do projeto. O trabalho tomou toda a manhã dele, mas realizou bastante coisa. Ele estava confiante de que poderia apresentar o esboço para o chefe e, após alguma discussão, eles chegariam a um acordo quanto à apresentação.

Índice de jargões

Coach (treinador)

Aquele que orienta uma pessoa para desenvolver seu trabalho, suas relações e sua função em uma organização.

Delegar

Transmitir obrigações, responsabilidades ou autoridade a alguém para que essa pessoa possa atuar em seu nome.

Diagrama-padrão

Diagrama criativo desenhado para gerar e capturar ideias em torno de uma palavra-chave.

Dicionário

Dicionário de sinônimos, organizado por tema.

Estratégia

Planos em longo prazo que irão realizar seus principais objetivos.

Facilitador

Pessoa que ajuda outra ou uma organização a alcançar um propósito específico.

Gráfico de Gantt

Ilustra a duração de determinadas tarefas juntamente com os períodos regulares de tempo (semanas, meses, etc.). É útil para planejar e programar.

Hacker

Pessoa que invade o sistema do computador de outra pessoa, empresa ou alguma organização.

Lista de afazeres

Lista de todas as tarefas que uma pessoa precisa fazer durante o dia.

Macro

Comandos de um grupo de computadores que você configura para executarem automaticamente com apenas um clique.

Mentor

Aquele que orienta uma pessoa, especialmente nas questões de longo prazo da vida.

Networking

Desenvolver uma rede de relacionamentos com pessoas que poderão influenciar sua carreira de maneira positiva

Parafrasear

Expressar algo usando palavras diferentes (maneira distinta para dizer algo que já foi dito).

Parágrafos-padrão

Texto em parágrafos usados em uma gama de documentos como base para e-mails individuais, cartas, relatórios, etc.

Priorizar

Destacar e lidar com aspectos de trabalho, ou um projeto específico, considerados como sendo as partes mais importantes.

Proativo

Aquele que toma a iniciativa e decide o que quer fazer – em vez de ser reativo, ou seja, agir em resposta às pressões externas e ao que já aconteceu.

Reativo

Ver proativo.

Sinergia

Efeito combinado de pessoas trabalhando juntas com sucesso e maior que a soma do trabalho de cada indivíduo.

Sinônimo

Palavra que tem o mesmo significado, ou significado semelhante, de outra. Por exemplo: exequível e executável.

Spam

E-mails indesejados enviados para um grande número de pessoas ao mesmo tempo.

Sumário executivo

Resumo geral de um relatório como um todo.

Táticas

Planos feitos para implantar uma estratégia.

Terceirizar

Transferência do trabalho a ser feito para uma empresa externa. Pode ser um projeto inteiro ou apenas parte dele.

COLEÇÃO SEGREDOS PROFISSIONAIS

Os livros da série *Segredos Profissionais* são indispensáveis para aprimorar suas habilidades corporativas. Dez guias, em linguagem clara e objetiva, trazem estratégias comprovadamente eficazes e de fácil aplicação sobre assuntos de grande importância: apresentação, liderança, negociação, marketing, entre outros do mundo corporativo. Coleção *Segredos Profissionais* – um novo impulso à sua carreira.

EDITORA FUNDAMENTO

www.editorafundamento.com.br